강갑생의

바퀴 와 날개

WHEEL & WING

강갑생 지음

2

팜파스

문득 5년여의 시간이 흘렀다는 걸 깨달았다. 오랜 망설임과 준비 끝에 《강갑생의 바퀴와 날개》를 처음 발간한 게 지난 2020년 11월이었다. 그 사이 철도, 항공, 도로 등 교통 분야에는 우여곡절도 많았다. 그리고 열차, 항공기, 버스, 지하철, 도로 등과 관련한 나 스스로의 궁금증도 꾸준히 풀어왔다. 또 그 내용을 독자와 나누는 쏠쏠한 재미도 역시 누렸다.

그렇게 쌓인 기사와 칼럼을 다시 살펴보는데 문득 한 번 더 책을 내보면 어떨까 하는 욕심이 생겼다. 첫 책의 출간을 도와주었던 초등학교 동창이자 오랜 친구인 이지은 팜파스 대표에게 상의하니 흔쾌히 동의해줬다. 《강갑생의 바퀴와 날개》 2권을 출간하게 된 시작이었다.

그동안 썼던 기사와 칼럼을 다시 꼼꼼히 읽어보고, 그새 달라졌거나 바뀐 규정과 사항들을 일일이 확인하며 내용을 재작성했다. 1권 출간 때처럼 많은 전문가와 교통 덕후가 보기에 틀리거나 맥락이 어긋난 내용은 없을까, 독자들은 쉽고 재미나게 읽을 수 있을까 하는 우려는 좀처럼 줄어들지 않았다.

하지만 다소 모자람이 있더라도 독자들이 교통을 조금이라도 친근하게 접하고, 이해할 수 있도록 하고 싶다는 생각에 마음을 다잡았다. 서점에서 교통을 쉽게 풀어 쓴 책을 찾기가 여전히 쉽지 않다는 아쉬움도 책

출간에 동력이 됐다.

앞서 1권은 항공과 철도, 도로 등 3개 분야로 구성했다. 이번 2권 역시 3개 분야의 다양한 이야기를 담았다. 이와 더불어 '함께 생각해볼 교통 현안과 정책'이란 작은 주제 아래 그동안 중앙일보 지면에 게재했던 나의 칼럼들을 추려서 넣었다.

신공항, 버스준공영제, 항공사 통합, 지하고속도로 등 굵직하고 때론 논란이었던 교통 정책과 현안에 대해 독자와 같이 고민해보자는 취지에서다. 또 논술을 준비하는, 교통에 관심이 많은 학생에게 조금이나마 도움이 됐으면 하는 소박한 바람도 담았다.

1권과 마찬가지로 2권 역시 나 혼자 쓴 게 아니다. 국토교통부와 코레일, 한국도로공사, 인천국제공항공사, 국가철도공단, 교통안전공단, SR, 서울메트로 등 교통관련 공기업의 적극적인 사료 협조가 없었다면 쓰기 어려웠을 내용이 많다. 여러 전문가분은 고개가 절로 끄덕여지는 설명과 분석을 보태줬다.

항상 존경하는 선배이신 김세호 전 건설교통부 차관님의 격려는 이번에도 큰 힘이 됐다. 대한항공과 아시아나항공, 현대로템, 우진산전 등 교통 관련 기업의 도움 역시 빼놓을 수 없다. 그들 모두에게 한없는 감사를 보낸다.

언제나 집안의 큰 버팀목이 되어주시는 아버지, 하늘나라에 계신 어머니, 누나와 동생 가족, 아들 재준, 그리고 푸른솔에게 이 책을 바친다.

2025년 12월 마포에서
강갑생

오랫동안 교통 현장을 취재해온 강갑생 교통전문기자의 글은 늘 '현장 안에서' 듣고 보고 느낀 이야기를 생생하게 전달해준다는 점에서 특별합니다. 복잡한 교통 이슈도 그의 손을 거치면 명확해지고, 어려운 기술도 친숙한 이야기로 바뀝니다.

그래서 많은 독자가 강 기자의 글을 신뢰하고 또 기다리는 것이 아닐까 합니다. 저도 1권을 읽으며 몇 번이나 고개를 끄덕이고, '아, 이건 나도 몰랐네' 싶은 부분에서 크게 웃기도 했습니다.

이번 2권에서도 하늘·철도·도로 전 영역을 넘나들며 기술과 역사, 정책과 일상의 이야기를 풍성하게 담아낸 것 같습니다. 특히, 개인적으로 이번 책에서 흥미 있는 부분은 "비행기 창문도 스트레스 받는다… 세 번의 추락이 바꾼 '둥근 창'**PART 1**" 편입니다.

평소 너무나 당연하게 여겼던 비행기 창의 모양 뒤에 그렇게 치열한 안전의 역사가 숨어 있었다는 사실이 새삼스럽게 다가옵니다. 교통이란 결국 사람의 생명과 직결된 영역이며, 작은 변화 하나에도 수많은 배움과 시행착오가 있다는 점을 다시 느낄 수 있는 대목입니다.

마지막 PART 4의 정책 이야기는 교통정책의 현안을 균형 있게 짚어내며, 현장과 정책 사이의 거리감을 좁혀주는 강 기자만의 통찰이 담겨 있습니다. 실제 정책을 담당하는 공직자의 관점에서도 깊이 공감되는 부분입니다.

강갑생 교통전문기자는 교통의 과거와 현재, 그리고 미래를 잇는 중요한 목소리입니다. 이번 책도 교통 분야 종사자뿐 아니라 많은 국민에게 이동의 세계를 더 깊이 이해하는 계기가 되길 바랍니다.

강희업 전 국토교통부 제2차관

우리나라 언론에서 독보적인 교통전문기자인 저자가 5년 만에 교통에 관한 여러 주제를 친근하게 풀어 쓴 《강갑생의 바퀴와 날개 2》를 출간하게 되었다. 1권에 이어 2권의 내용도 탄탄하기 이를 데 없다.

저자인 강 기자와의 인연은 당시 건설교통부에서 인천공항 개항 업무를 담당하던 신공항건설기획단장 때로 거슬러 올라간다. 그때나 지금이나 강 기자는 기사화하기 전에 늘 담당자들과 해당 사안에 대해 진지하게 의견을 나누고, 문제의식을 공유하기에 모든 간부나 직원의 호평을 받고 있다.

당시 언론의 집중포화를 맞고 있던 인천공항 업무를 담당하면서 중요하고 예민한 과제는 늘 강 기자와 상의하면서 지혜를 얻고 합리적 판단을 할 수 있었다. 이런 관계는 이후 철도청장으로 고속철도 개통 업무를 할 때도 마찬가지였다.

'아니면 말고' 식의 언론기사나 시민단체, 전문가단체의 성명이 판을 칠 때였기에 강 기자의 지적과 조언은 오늘날 인천공항과 고속철도의 탄생, 모든 교통정책에도 훌륭한 주춧돌로 쌓여 있다고 할 수 있다.

저자는 교통전문기자다. 그 바쁜 기자 생활 가운데 교통 분야 석사, 박사 학위를 취득하고 틈이 나면 세미나 참석과 강의도 한다. 25년 동안 교통 한 분야만 취재한 최고의 교통전문가다.

교통 분야의 관계, 학계, 업계 모두에게서 실력과 현장 경험을 두루 갖춘 대기자로 평가받고 있기에 교통 분야를 국민의 일상적인 관심사로 풀어서 잘 설명해주는 《강갑생의 바퀴와 날개 2》가 더욱 의미 깊게 다가온다.

김세호 전 건설교통부 차관

《강갑생의 바퀴와 날개 2》는 우리 일상 가장 가까운 곳에 있는 교통 수단들의 숨겨진 과학을 탐구하는 흥미진진한 여정으로 문을 엽니다. 저자는 항공기 창문이 둥글어야만 하는 이유를 설명하며 구조역학적 원리를 짚어내고, 고속열차의 날렵한 전두부 형상에서 공기역학의 정수를 읽어냅니다.

나아가 UAM**도심항공모빌리티**과 로봇택시 등 4차 산업혁명 기술이 가져올 미래상까지, 막연한 상상이 아닌 구체적인 기술적 근거를 들어 생생하게 그려내고 있습니다. 하지만 이 책의 진정한 가치는 흥미로운 기술 이야기를 넘어 대한민국 교통 생태계가 직면한 난제들을 정면으로 마주하는 데 있습니다.

책의 후반부에서 다루는 가덕도 신공항 검증, 항공안전청 신설, 대중교통 준공영제의 지속 가능성, 그리고 GTX와 고속철도 경쟁 체제 등은 단순한 공학적 지식을 넘어 사회적 비용과 편익, 이해관계의 조정이라는 거시적 안목이 필수적인 주제들입니다.

저자는 이 복잡한 고차방정식을 날카롭지만 알기 쉽게 풀어내며 독자들에게 묵직한 화두를 던집니다. 강갑생 교통전문기자와 저는 오랜 시간 교통 현장에서 교류하며, 바로 이러한 대한민국 교통의 당면 과제와 미래 비전에 대해 치열하게 토론하고 고민을 나눠온 각별한 인연이 있습니다.

제가 곁에서 지켜본 그는 단순히 현상을 전달하는 관찰자가 아니었습니다. 바쁜 취재 현장 속에서도 교통공학 박사학위를 취득할 만큼, 이론과 실무의 완벽한 조화를 위해 끊임없이 정진해온 드문 학구파 언론인입니다. 이 책은 그런 저자의 치열한 고민과 전문성이 집약된 결과물입니다.

재미있는 상식으로 시작해 깊이 있는 정책 제언으로 확장되는 이 책은 교통을 전공하는 학생들에게는 생생한 현장 교과서가, 일반 독자들에게는 세상을 움직이는 거대 시스템을 이해하는 명쾌한 안내서가 될 것입니다. '이동'이 곧 '삶'인 시대에 더욱 안전하고 합리적인 교통 세상을 꿈꾸는 모든 분께 일독을 권합니다.

유정훈 제22대 대한교통학회 회장(아주대 교통시스템공학과 교수)

들어가는 말 ·004
추천의 말 ·006

↑ ✈ Part 01

알수록 재미난 하늘길 사연들

01. 비행기 창문도 스트레스 받는다 … 세 번의 추락이 바꾼 '둥근 창' ·019
02. A급은 신형, F급은 헌 비행기? 항공기 등급의 진짜 뜻 ·023
03. 1만m 상공 나는 여객기 … 왜 8,000m 히말라야 위로는 안 다닐까 ·027
04. 비행기 조종사는 따로 도시락을 싸 온다? 항공사들 금지한 이유 ·030
05. 국제선 여객기와 '비상 착륙공항', 멀수록 유리한 이유 ·033
06. "조명 끕니다" 낮과 다른 밤 착륙 … 알고 보니 '중한 이유' 있었다 ·037
07. 내 비행기는 왜 버스 타고 가서 탈까? 탑승구 배정의 원칙 ·041
08. 고리버들 의자에서 수억 원대 일등석까지 … 여객기 좌석의 변신 ·046
09. '통합 대한항공' 새 옷값 대당 10억 … 비행기 도색 몰랐던 사실 ·050
10. 드론은 무인인데 '드론 택시' 뭐지? 전문가도 헷갈리는 'UAM' ·055
11. 하늘 나는 '플라잉카', 돈만 있으면 자가용처럼 탈 수 있을까 ·059
12. 땅에 코 박은 286t 비행기 일으켰다 … 인천공항 '비장의 무기' ·062
13. 훈련용 공중표적으로 시작한 드론 … 이젠 여객 운송에 도전장 ·066
14. 한번 뜨면 지구 한 바퀴, 54시간 비행 … 화물기 조종도 2명뿐? ·070
15. 이재용, 인천공항 대신 택했다 … 출입국 10분 만에 끝내는 이곳 ·073
16. 승객들 다 태우고 눈 청소 … 그 뒤 꼭 지켜야 하는 시간 'HOT' ·077
17. 한해 기름값만 200억 아꼈다 … 일석삼조 '하늘 위 지름길' ·081

Part 02

이야기보따리 품고 달리는 철마

01. 오리주둥이, 새 부리, 산천어 … 고속철 앞이 제각각인 까닭 • 089

02. 철길 옆 단단히 쌓인 눈벽 뭐지? 방금 '이 열차' 지나간 흔적 • 093

03. KTX 시속 170km로 늦춰야 했다 … 작지만 위험, 혹한 속 이 물체 • 097

04. 120년 전 서울에도 있던 '트램' … 처음엔 말이 열차 끌고 다녔다 • 100

05. "빠앙" 열차 출발할 때 울리는 까닭 … 기적 소리에 담긴 뜻 • 104

06. KTX 창문 아래서 솔솔 … 사시사철 내뿜는 이 바람의 정체 • 108

07. 기관차가 따로 없는데도 더 빨리, 힘차게 달리는 '동력 분산식' 열차 • 111

08. 40도 땡볕에 KTX도 더위 먹나 … 열차 속도 늦추는 진짜 속사정 • 114

09. 싱크대에 세탁기까지 다 있다 … 가정집 뺨치는 파란열차의 정체 • 117

10. 내가 낸 전철 요금 어떻게 배분할까? … '年 1,000억 정산'의 경제학 • 121

11. 北 '철도기동 미사일연대'의 기원 … 美 남북전쟁 때 '열차 포(砲)' • 126

12. "이번 정차역은 신한카드역입니다" … 이런 안내방송, 얼마면 돼? • 130

13. 서울~부산 20분 주파 진공열차, 아직은 실험실 수준 • 134

14. '1899년 통표' 여기선 지금도 쓴다 … 열차충돌 막는 '폐색'의 비밀 • 138

15. 새로 개발한 열차는 여기서 달린다 … 오송차량기지의 '속살' • 142

16. '조선해방자호' 첫 국산 열차에 이런 이름이 붙은 까닭은? • 146

17. 가루 날리는 석탄도 문제없다 … 뚜껑 없는 화물열차에 싣는 까닭 • 150

18. 지하철 건설 때 정부가 돈 60% 대주는데 … 서울만 왜 40%? • 153

19. 3수 만에 실증 나서는 '수소열차' 2028년 투입될 구간은 어디? • 158

20. KTX가 서울-부산 424km 달리면 전기료는 얼마나? • 162

21. "부산행 KTX 매진 떠도 역 가면 표 있다"… 발품 티케팅의 반전 • 166

Part 03

과학과 고민이 어우러진 도로

01. 처음엔 시체 앉혔다 … 인간 대신 부러지는 '13억 원짜리 마네킹' 반전　• **175**

02. 100년 전에도 '전동 킥보드' 있었다 … 몇 년 못 가 사라진 이유는　• **180**

03. 서울까지 150km 남았다는데 … 고속道와 국도가 다르다?　• **184**

04. 교통카드에 밀려 퇴출 위기 몰린 시내버스 '현금통'　• **187**

05. "어, 중앙분리대가 좌우로 움직이네?"… 로드 지퍼의 위력　• **191**

06. 노선버스와 택시 장점 합쳤다 … DRT가 요즘 주목받는 까닭　• **194**

07. 신호 없는 횡단보도 … 달리던 차를 멈추게 하는 이 '손짓'　• **197**

08. 국민 67%가 딴 운전면허 … 111년 전 조선총독부가 첫 도입　• **201**

09. 사고 줄인다던 회전교차로, 매년 사고 1,000건 … '이것' 모르기 때문?　• **206**

10. "놀랍다, 운전기사보다 잘해" 안전요원 없이도 다니는 中 로봇택시　• **210**

11. 겉모습은 트램인데 선로 필요없다? 일반도로 달리는 'TRT' 뭐길래　• **214**

12. 서울 시내버스의 비밀 … 번호 속에 '출발·도착지' 다 담겨 있다　• **218**

13. 고속도로 정체에 민원 폭발 … 도공이 짜낸 5가지 '묘수'　• **222**

Part 04

함께 생각해볼 교통 현안과 정책

01. "김해신공항보다 훨씬 심각" 가덕도 정밀 재검중 요구 나오는 까닭 • 233

02. 또 다른 항공참사 막으려면 … "항공안전청 신설, 사조위 독립" • 238

03. 낡은 'KTX-1' 바꾸는 돈 6조 원 … 누가 부담하나 • 243

04. 해외에서 상 받은 'MB표 버스 준공영제' … 20년 뒤 지금은 위기, 왜? • 248

05. 한강 리버버스, 카페·매점으로 흑자? … 통근용인가 관광용인가 • 253

06. 지자체 추진 트램 26개나 … "지금 왜 필요?" 답부터 찾아야 • 258

07. '차·포' 뗀 대한항공의 아시아나 합병 … 불가피한 선택인가 • 263

08. '땅속 경부고속도로' 3가지 방안 … "양재IC 퍼즐부터 맞춰야" • 267

09. 예비타당성 조사 건너 뛰고 신공항 지으려는 '특별법 정치' • 272

10. 17년 독점에 … 한국 고속철, 값은 치솟고 경쟁력은 뒷걸음 • 276

11. 정부가 다 지어주니 … 대부분 적자인데, 공항만 20여 개 될 판 • 280

12. 제주 갈 때도 인천공항으로? … 김포공항 이전 논란 • 285

13. 통행료 확 낮추자니 국민연금이 걸리네, 일산대교 딜레마 • 290

참고 문헌 • 294

Part 01

암수동물 재미나

하늘길 동사연동

비행기 창문도 스트레스받는다 …
세 번의 추락이 바꾼 '둥근 창'

여객기를 타고 여행할 때 창가 쪽 자리를 유독 선호하는 승객이 있습니다. 아마도 유리창을 통해 바라보는 공항과 하늘 풍경을 감상하기 위해서가 아닐까 싶은데요. 간혹 유리창이 둥근 모양이 아니라 버스나 기차처럼 네모였다면 풍경이 더 잘 보이지 않을까 하는 생각을 해본 적 있으신가요?

사실 1950년대 초·중반만 해도 여객기 유리창은 지금 같은 원형이 아니라 네모였습니다. 당시 항공 여행은 부유층의 전유물이다시피 했기 때문에 유리창도 풍경이 잘 보이는 네모 형태로 크게 만들었다는 얘기도 있는데요.

그렇다면 왜 사각 유리창이 원형으로 바뀐 걸까요? 여기에는 세 차례의 안타까운 비행기 추락사고가 있습니다. 영국의 항공기 제작사인 드 하빌랜드 **De Havilland**가 제작한 최초의 제트여객기 '카미트 **Comet**'가 비운의 주인공인데요.

터보제트 엔진 4기를 장착하고 40여 명의 승객을 태울 수 있는 카미트는 1949년 개발돼 1952년 5월 BOAC^{영국해외항공회사}의 영국 런던~남아프리카공화국 요하네스버그 노선에 첫 취항했습니다. 바로 이 카미트의 창문이 네모였는데요.

초기에는 별문제가 없었지만 1953년 5월 2일 인도의 콜카타공항을 이륙하는 도중 공중에서 기체가 분해되는 사고가 일어나 승객 43명 전원이 사망했습니다. 이듬해 1월 10일에는 이탈리아 로마를 출발해 런던으로 가던 비행기가 지중해 상공에서 폭발해 탑승자 35명이 모두 숨졌습니다.

첫 번째 사고부터 원인 조사가 이뤄졌지만 명확한 결론은 내지 못했다고 하는데요. 이런 사이 1954년 4월 8일 로마를 떠나 이집트 카이로로 가던 같은 기종의 남아공항공 여객기가 또다시 지중해에 추락해 21명이 목숨을 잃었습니다.

둥근 모양의 항공기 유리창

카미트의 세 차례 추락으로 99명이 안타깝게 숨졌는데요. 추락한 비행기에서 회수한 파편을 조사한 결과, 이전까지 제대로 알지 못했던 사실이 확인됐습니다. 네모난 창문 모서리에서 시작된 균열이 주변 동체로 퍼져나간 걸 발견한 겁니다.

그 이유를 분석하다 발견한 현상이 '피로 파괴^{Fatigue Crack}'인데요. 대한항공의 항공기술팀에 따르면 피로 파괴는 특정 재료에 반복적으로 하중이 가해지면 당초 계획했던 응력보다 낮은 응력을 가해도 부서지는 현상을 의미합니다.

그렇다면 사각 창문과 피로 파괴는 어떤 관련이 있었던 걸까요. 이 관계를 설명하려면 '여압'이란 개념부터 알아야 하는데요. 여압은 승객들이 기압 차를 느끼지 않도록 여객기 내의 공기 압력을 높여 지상의 기압에 가까운 상태로 유지하는 걸 말합니다.

대한항공 항공기술팀은 "제트기는 연료 소모를 줄이고, 보다 편안한 비행을 위해 고도 9,000m가량으로 비행을 한다"라며 "이렇게 높은 고도로 올라가면 여객기 외부의 압력은 낮아지지만, 내부의 압력은 일정하게 유지하기 위해 여압을 한다"고 설명합니다. 기압이 낮으면 산소량이 줄어 호흡이 어렵고, 두통과 탈수 증상 등이 나타날 수 있다고 하는데요.

기내 여압 장치는 1950년대부터 일반화됐습니다. 문제는 이렇게 하면 여객기 외부와 내부의 압력 차만큼 여객기 동체를 팽창시키려는 힘이 작용하게 된다는 겁니다. 이런 힘이 여객기 동체에 고르게 전달되는 게 아니라 창문과 같이 동체의 형상이 달라지는 부분에 집중되는 '응력 집중Stress Concentration'이 생기게 되는데요.

한마디로 팽창하려는 힘이 계속 창문에 집중된다는 의미입니다. 이 같은 응력 집중은 여객기가 비행할 때마다 창문에 반복해서 발생하게 되는데요. 이렇게 되면 당초 창문을 설계할 때 고려했던 힘보다 낮은 힘이 가해져도 부서지는 '피로 파괴'가 생긴다는 겁니다.

특히 당시 여객기처럼 네모난 창문은 모서리 부위에 응력이 집중돼 더 강한 압력을 받았고, 이로 인해 창문 주위에서부터 균열이 시작돼 동체로 퍼져 나가 결국 추락으로 이어졌다는 설명입니다. 제트기보다 훨썬 낮은 고도에서 비행해 기압 차가 크지 않았던 다른 여객기는 네모 창문을 해도 큰 이상은 없었다고 합니다.

응력 집중을 최소화해 피로 파괴를 막는 방법은 크게 두 가지입니다. 창문 모서리 부위를 최대한 둥글게 만들어서 응력이 골고루 분산되도록 하거나, 아니면 모서리 부위의 두께를 더 두껍게 하는 건데요.

항공기는 연료 소모를 줄이기 위해 최대한 동체를 가볍게 만들어야 하므로 두께를 강화하는 대신 창문을 둥글게 만드는 방식이 채택됐다고 합니다. 그래서 카미트 사고 이후 제작된 항공기들은 둥그런 창문을 달게 된 겁니다.

A급은 신형, F급은 헌 비행기?
항공기 등급의 진짜 뜻

2029년 개항을 목표로 하는 새만금공항은 현 군산공항 서쪽으로 1.3km 가량 떨어진 새만금 개발부지 내에 들어설 예정인데요. 총사업비는 약 8,000억 원으로, 계획대로라면 새만금 신공항에는 길이 2,500m짜리 활주로 1개가 건설됩니다.

이런 규모의 활주로를 건설하는 건 주요 취항노선이 일본, 중국, 동남아 등인 데다 주로 이용할 항공기가 'C급'인 점을 고려했기 때문이라는 게 국토교통부 설명입니다. 앞서 2018년 기내식 대란이 일어났던 국내의 한 항공사는 회장이 출장 때면 늘 'A급' 항공기만 골라 타고 다녔다는 내부 고발이 나와 논란이 된 적이 있었습니다.

그런데 여기서 언급된 C급과 A급은 어떤 의미일까요? 우선 논란이 된 항공사의 'A급' 비행기는 공식적인 등급을 나타내는 표현이 아니라 흔히 말하는 '새것 또는 새것 수준의 좋은 품질' 등을 뜻합니다. 정비가 잘된, 깨끗한 여객기란 의미로 해석됩니다.

반면 새만금공항에서 언급된 'C급'은 항공기에 적용하는 정식 등급입니다. UN 산하 전문기구인 ICAO국제민간항공기구에서는 항공기를 A~F급까지 모두 6개 등급으로 나누는데요. 기준은 주 날개폭과 주 바퀴의 외곽 폭입니다. A급은 주 날개폭이 15m 미만이고, 주 바퀴의 외곽 폭도 4.5m 미만으로 가장 작은 항공기입니다. 훈련이나 비상업적 비행에 쓰는 경비행기가 대표적인데요.

B급은 좌석 수 50인석 미만의 소형 비즈니스 항공기가 해당합니다. 새만금공항에 주로 취항할 C급은 주 날개폭이 24m 이상 36m 미만이고, 주 바퀴 외곽의 폭은 6m 이상 9m 미만인데요. 해외여행을 위해 타는 비행기 중에서는 가장 작은 B737이나 A320이 바로 'C급'입니다. 국내선은 물론 일본, 중국, 동남아 등 비교적 가까운 노선에 많이 취항 중입니다.

대형기로 불리는 B747-400이나 B777, B787, A330, A350 등은 'E급'으로 분류되는데요. 주 날개폭이 52~65m 미만, 주 바퀴 외곽 폭은 9~14m 미만입니다. 이보다 더 큰 항공기가 있습니다. 바로 A380으로 가장 높은 'F급'입니다. B747-8도 같은 등급입니다.

이렇게 항공기를 크기에 따른 등급별로 나누는 건 무엇보다 공항을 건설할 때 활주로와 유도로, 주기장 등 공항 시설 규모를 결정하는 데 가장 핵심적인 기준이 되기 때문이라는 게 한국공항공사의 설명입니다.

공항에 취항할 항공기 중 가장 높은 등급이 무엇인지에 맞춰서 활주로와 유도로 등의 크기를 정한다는 얘기인데요. 항공기 등급에 따라서 활주로 폭이 정해져 있는 것도 이 때문입니다.

E급 항공기가 운항하려면 최소 이륙거리가 1,800m 이상에 활주로 폭은 45m가 넘어야 합니다. 국내의 공항은 대부분 C급 이상 비행기가 뜨고 내리기 때문에 활주로 폭이 45m 이상입니다. F급이 이착륙하려면 활주로 폭이 60m는 돼야 합니다.

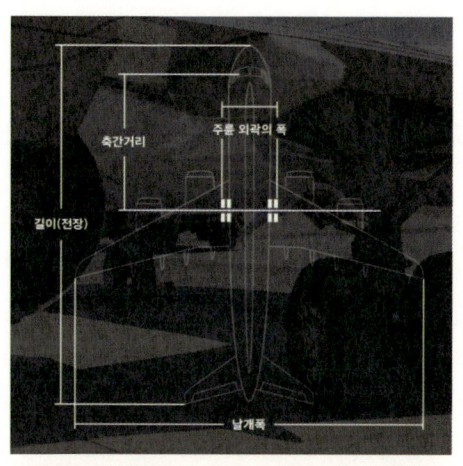

항공기 제원과 명칭   출처 : 한국공항공사

물론 공항의 활주로 길이는 기종별 이차륙 활주 거리는 물론 공항의 고도, 기온 등 다양한 요인을 고려해서 결정합니다. 기온이 높으면 공기 밀도가 낮은 탓에 이륙을 위한 활주 길이가 늘어나기 때문에 활주로를 더 길게 만드는 것도 이러한 이유에서입니다. B737은 최대이륙 중량 기준으로 필요한 활주로 길이가 약 2,000m, B747-400은 3,200m 안팎인데요. A380은 이보다 짧은 2,900m가량 됩니다.

이렇게 해서 E급 항공기가 취항 가능한 공항은 통상 'E급 공항'이라고 부릅니다. 국내에서는 김포·김해·제주공항 등이 해당하는데요. 인천공항은 A380 운용이 가능하기 때문에 이런 기준에서 보면 'F급 공항'인 셈입니다. 인천공항에는 4,000m짜리 활주로도 있습니다.

참고로 활주로 폭을 눈으로 쉽게 확인할 수 있는 방법이 있는데요. 활주로 끝부분에는 세로줄 무늬 모양의 흰색 선이 그려져 있습니다. 이를

'활주로 말단표지'라고 부르는데요. 이 세로줄 무늬가 몇 개인지 알면 폭을 알 수 있습니다. 한국공항공사에 따르면 세로줄이 모두 16개 있으면 활주로 폭이 60m이며, 12개는 45~46m, 8개는 30m, 6개는 23m, 4개는 18m를 뜻한다고 합니다.

1만m 상공 나는 여객기…
왜 8,000m 히말라야 위로는 안 다닐까

여객기는 약 9,000~1만 3,000m 높이로 비행합니다. 항로 거리나 고도별 바람, 또는 바깥 기온 등을 고려해서 적정한 운항고도를 설정한다고 하는데요. 어쨌든 이 정도 비행고도라면 전 세계의 높은 지역 어디든 거리낌 없이 날아다닐 수 있을 듯합니다.

그런데 전 세계의 항로 정보를 살펴보면 유독 히말라야산맥 주변에만 항로가 거의 없다는 걸 확인할 수 있습니다. 극히 드물게 히말라야산맥을 건너가는 횡단항로가 있을 뿐, 산맥을 따라 비행하는 종단항로는 없는데요. 만약 종단항로가 있다면 비행기 창문을 통해 내려다보는 히말라야산맥은 그야말로 장관일 것 같긴 합니다.

항로는 통상 ICAO국제민간항공기구와 해당 국가들이 협의해서 설정합니다. 이때 경제적·외교적 요소와 안전 등 많은 부분을 고려하게 되는데요. 그렇다면 히말라야산맥 위를 나는 항로가 거의 없는 건 어떤 이유일까요?

중장거리 노선을 운항하는 대한항공과 아시아나항공에 문의해보니

"비상 상황 때 대처가 어렵기 때문"이라는 답변이었습니다. 히말라야는 세계 최고봉인 에베레스트^{8,848m}를 비롯해 8,000m 넘는 봉우리가 14개나 있는 거대한 산맥입니다.

하지만 여객기의 비행고도는 일반적으로 에베레스트보다도 1,000m 이상 높습니다. 봉우리 높이가 비행 안전에 지장을 줄 상황은 아니라는 얘기인데요. 문제는 여러 이유로 인해 기체의 여압이 상실됐을 때 비상 대처입니다.

여압은 높은 고도로 비행하는 항공기의 기내압력을 압축기를 이용해 증가시켜 탑승자가 정상적으로 호흡할 수 있게 해주는 걸 말합니다. 통상 기내 여압은 고도 2,440m^{8,000ft} 정도를 유지하는데요. 백두산^{2,744m}과 한라산^{1,947m} 정상의 중간 정도 기압인 셈입니다.

여압에 이상이 생기면 당장 승객들이 숨을 쉬기 어려워집니다. 이런 상황이 되면 우선 선반 위에 설치돼 있던 비상용 산소마스크가 내려오게 됩니다. 그리고 비행기는 탑승객들이 산소마스크 없이도 호흡이 가능하도록 고도 3,000m 아래까지 하강하게 되는데요.

바다나 평지 위를 운항할 때는 아무 곳에서나 최단 거리로 고도를 낮추면 됩니다. 그러나 히말라야에서는 높은 봉우리들로 인해 3,000m 아래로 하강이 사실상 불가능하다는 겁니다. 8,000m대는 물론이고 6,000~7,000m대 봉우리들이 우후죽순 솟아 있기 때문입니다.

물론 히말라야산맥을 벗어나서 3,000m까지 하강 가능한 곳으로 이동하는 방법도 있을 순 있습니다. 아시아나항공에 따르면 승객들이 사용하는 산소마스크는 기종에 따라 15~20분가량 산소를 공급합니다.

참고로 아시아나항공이 운영하는 B777과 A330은 약 22분간 산소가 공급되고, A321은 15분 정도 분량이라고 합니다. 또 조종사 등 운항 승무원들이 사용하는 산소마스크는 2시간가량 사용 가능합니다.

여기에 시속 900km가량인 비행 속도를 고려하면 이론적으로는 위험 지대를 서둘러 벗어나기에 가능한 시간으로 볼 수도 있습니다. 그러나 만약 다른 이유 등이 겹쳐 위험지대 탈출이 어렵고 하강만이 유일한 해결책이 된다면 그야말로 낭패를 면키 어려울 텐데요.

이 때문에 굳이 위험을 무릅쓰면서까지 히말라야산맥 위를 비행하는 항로를 개설할 필요는 없다는 게 항공사들의 설명입니다. 항공사들은 히말라야산맥 정도는 아니더라도 고도가 상당히 높은 지대를 지나는 항로를 운항할 때는 '고산지대 회피 절차'라는 걸 적용합니다.

인천공항을 기준으로 하면 이스탄불튀르키예, 알마티카자흐스탄, 타슈켄트우즈베키스탄 노선 등이 해당하는데요. 이들 노선을 운항할 때는 만약 여압 상실이 발생하면 높은 장애물을 피해서 3,000m 이하로 내려갈 수 있는 회피 항로를 따라가야 합니다.

이때 최단 거리로 하강하는 게 아니기 때문에 비행시간이 더 길어져 일반적으로 준비하는 산소량보다 많은 산소가 필요하게 되는데요. 그래서 이들 노선을 운항하는 여객기에는 산소를 평소보다 더 탑재한다고 합니다.

비행기 조종사는 따로 도시락을 싸 온다?
항공사들 금지한 이유

세계적인 음료 회사인 코카콜라는 한때 원액을 만드는 비법을 알고 있는 소수의 임원이 절대 같은 비행기에 타지 못하게 한 것으로 알려져 있습니다. 여러 가지 이유가 있겠지만, 무엇보다 예기치 못한 사고로 인해 비법을 아는 경영진이 한꺼번에 사라지는 최악의 상황을 막기 위한 측면이 크다는 해석인데요. 위험을 분산해서 만일의 사태에 대비하자는 취지로 해석됩니다.

이런 방식을 현재도 준용하고 있는 분야가 있는데요. 바로 항공업계입니다. 대한항공과 아시아나항공에 따르면 여객기나 화물기에 탑승하는 기장과 부기장은 운항 중에는 절대 같은 메뉴를 먹지 않는다고 합니다. 다른 국내외 항공사도 거의 비슷할 텐데요.

만일 기장과 부기장이 동일한 음식을 먹었다가 동시에 식중독이라도 걸리면 그야말로 비행기는 '조종 불능' 상태에 빠질 수 있기 때문입니다. 그래서 기장과 부기장은 두 가지 메뉴 중에서 각각 다른 것을 택해야만 합니다. 물론 두 가지 메뉴는 들어가는 재료가 모두 다르고, 심지어 소스도 다른 걸 사용하는 것으로 알려져 있습니다.

각기 다른 메뉴를 선택하도록 하는 건 항공안전법에 따라 항공사별로 마련해야 하는 운항 규범에도 명시돼 있습니다. 기장과 부기장은 식사 시간도 서로 달리하는데요. 역시 비행 안전을 위한 조치입니다.

또 비행 중에 식사는 원칙적으로 조종석에서 하고, 장거리 비행으로 교대를 위해 두 개 조가 탑승했을 때는 휴식을 취할 차례의 기장과 부기장은 객실 내 좌석에서 음식을 먹는다고 합니다.

조종사들에게 제공되는 식사는 좌석 기준으로 따지면 비즈니스석의 기내식 수준 이상이라고 합니다. 항공사에 따라 일등석을 운영하는 여객기에서는 일등석 수준의 음식이 제공되기도 하는데요.

스튜어디스 등 객실 승무원은 통상 일반석 수준의 기내식을 먹는다고 합니다. 해당 비행편의 일반석 승객과 같은 기내식을 먹기도 하고, 별도로 탑재된 객실 승무원용 식사를 이용하기도 하는데요. 대부분 승객 식사 제공과 기내 판매 같은 일련의 서비스가 끝난 뒤 교대로 갤리^{항공기 내 주}

A350 시뮬레이터의 조종석 모습

빵에서 식사합니다.

참고로 기내식 단가는 항공사별로 영업비밀이라 공개하지 않지만 대략 일반석은 한 끼에 1만~1만 5,000원, 비즈니스석은 4만~5만 원, 일등석은 7만~10만 원가량으로 알려져 있습니다. 물론 이 역시 항공사마다 차이가 날 겁니다.

여기서 한 가지 궁금한 점이 생기는데요. 기내에서 제공되는 식사가 입에 맞지 않는다는 이유로 조종사가 따로 도시락을 싸 오거나 외부에서 음식을 사 와서 먹는 게 가능할까요?

정답은 '안 된다'입니다. 아시아나항공 관계자는 "운항 교범의 운항 승무원 식사 규정에 '운항 중에는 기내식으로 제공되는 음식물만 취식해야 한다'라고 규정돼 있다"고 설명합니다. 대한항공 역시 회사에서 기내식으로 인가한 음식물만 먹도록 되어 있는데요. 엄격한 기준의 조리 과정과 위생 검사를 거친 기내식이 아닌 다른 음식물은 만일의 사고를 우려해 비행 중에는 절대 먹을 수 없다는 얘기입니다.

비행을 앞둔 기장과 부기장이 같은 식당에서 음식을 먹지 않는다거나, 식당이 하나밖에 없어 부득이하게 같은 곳을 이용할 경우에는 서로 다른 메뉴를 먹어야 한다는 얘기도 있지만, 대한항공과 아시아나항공에서는 이에 대한 명확한 규정은 없다고 합니다.

대한항공 관계자는 "다음 비행을 위해 해외에 일시적으로 체류하는 경우 별다른 제한사항은 없다"며 "다만 출발 시각이 가까운 경우에는 기장과 부기장이 같은 음식을 섭취하지 않는 게 통상적으로 지켜지는 원칙"이라고 말합니다.

국제선 여객기와 '비상 착륙공항', 멀수록 유리한 이유

"장거리 노선 비행시간 단축한다."

국내 항공사인 에어프레미아는 지난 2023년 6월 이런 제목이 적힌 홍보 자료를 냈습니다. 얼핏 장거리 노선에 유리한 더 빠른 비행기를 도입한 다는 얘기 아닌가 싶지만 그렇지 않습니다.

내용인즉슨, 에어프레미아가 보유한 B787-9 여객기가 국토교통부로 부터 '회항시간 연장운항EDTO, Extended Diversion Time Operation' 180분을 승인받 았다는 건데요. 종전의 120분에서 늘어난 수치로 2022년 10월 인천~미 국 로스앤젤레스LA 노선에 취항한 지 8개월 만의 성과라고 했습니다.

이 항공사가 EDTO 시간이 상향 조정된 걸 반기는 데는 그만한 이유 가 있었습니다. EDTO는 엔진 2개 이상을 장착한 상업용 항공기가 운항 도중 한쪽 엔진에 문제가 생겼을 때 나머지 엔진으로 비상 착륙할 공항교 체공항까지 운항할 수 있는 시간에 대한 규정입니다.

예를 들어 국토부로부터 EDTO-120을 인증받았다면 해당 항공기는 엔진 한 개가 고장 날 경우 다른 엔진만으로 2시간 안에 사전에 인가받은 공항^{항로상 교체공항}에 비상 착륙해야만 한다는 의미인데요.

중장거리 노선을 운항하려는 항공사들은 해당 정부로부터 여객기 기종과 취항 노선별로 EDTO 승인을 받습니다. 국내선이나 비행거리가 짧은 국제선은 주변에 비상 착륙할 공항이 1시간 이내에 여럿 있기 때문에 별도로 '회항시간 연장운항'이 필요치 않다고 합니다.

일반적으로 엔진이 2개인 쌍발기는 비상시 1시간 안에 지정된 공항으로 회항할 수 있어야 하지만 기종과 엔진 성능, 운항 경험, 승무원 교육 등에 따라 75분, 120분, 180분, 270분 등으로 늘려주는데요. 같은 기종과 노선이라도 항공편별로 시간이 달라지기도 합니다.

요즘 항공기는 A380, B747 등 일부 대형 비행기를 제외하곤 대부분 엔진이 2개인데요. 엔진 3개 이상의 항공기는 기본 EDTO가 180분이지만 화물기는 별다른 제한이 없습니다.

에어프레미아는 그동안 LA 노선의 EDTO가 120분이었기 때문에 유사시 이 시간 내에 도달할 수 있도록 육지 쪽에 있는 비상착륙 공항에 붙어서 운항해야만 했습니다. 그러다 보니 다른 항로에 비해 운항거리와 비행시간이 늘어날 수밖에 없었는데요. 미주를 오갈 때 가장 시간이 절약되는 '태평양 항로'를 이용하고 싶어도 '그림의 떡'이었던 셈입니다.

만일 EDTO를 어기고 운항하면 강한 제재를 받습니다. 10여 년 전 부산을 출발해 사이판으로 향하던 우리 국적기가 엔진 경고등이 들어온 상태에서 인가받은 EDTO를 초과해 비행한 적이 있었는데요. 이 때문에 해당 항공사는 운항정지, 기장은 자격정지 처분을 받아야만 했습니다.

다른 운항 조건은 모두 충족되더라도 출발 당일 이용하려고 지정한 '항로상 교체공항'의 날씨가 일정 수준 이하로 나빠지면 비상착륙이 어렵기 때문에 EDTO 규정을 맞출 수 없게 되는데요. 이러면 출발이 늦어지거나 아예 연기될 수밖에 없습니다. 실제로 에어프레미아의 LA 노선과 미국 뉴욕 노선은 '항로상 교체공항의 기상 악화'를 이유로 지연되는 사례가 적지 않았다고 합니다. 항공업계 관계자는 "승객들이 EDTO 규정을 알지 못하는 상황에서 중간에 위치한 공항의 날씨가 안 좋아서 비행기가 못 뜬다고 하면 납득하기 어려울 것"이라며 "이 때문에 에어프레미아가 상당히 곤혹스러워한 것으로 안다"라고 말합니다.

하지만 EDTO가 180분으로 늘어나면서 숨통이 트이게 된 건데요. 3시간 이내에만 회항하면 되기 때문에 태평양 항로 이용도 가능해진 겁니다. 한 항공사 관계자는 "매일매일의 상층 기상을 분석해 동아시아와 북미 대륙을 연결하는 태평양 위에 설정되는 '태평양 항로'를 제한 없이 이용하기 위해선 EDTO 180분 인가가 필수적"이라고 말합니다. 에어프레미아가 반색하는 까닭입니다.

항공업계에 따르면 유사시 비행기의 장거리 운항 요건을 정한 건 1936년으로 거슬러 올라가는데요. 미국 연방항공청^{FAA}이 엔진의 수와 관계없이 모든 상용 항공기는 비상 상황 때 적절한 착륙공항으로부터 100마일^{약 160km} 이내에 있는 항로로만 비행하도록 한 겁니다. 당시 비행기들이 엔진 하나가 꺼진 상황에서 60분 정도 비행할 수 있는 성능인 걸 고려해서라고 합니다. 또 「ETOPS 제도의 발전 및 향후 우리의 대응 방향」^{박주환, 항공진흥 제50호, 2009년}이란 논문을 보면 FAA는 1953년 쌍발 비행기는 착륙에 적합한 공항으로부터 순항 속도로 1시간 이내의 항로로 운항해야 한다는 '60분 규칙'을 수립했는데요. EDTO의 전신인 ETOPS^{ExTended OPerationS}가 생겨난 겁니다.

ICAO^{국제민간항공기구}도 모든 항공기의 적절한 회항 가능 시간을 90분으로 정할 것을 회원국들에 권고했는데요. 이러한 규정은 1970년대 들어

엔진의 성능이 급격하게 향상되면서 변화를 맞게 됩니다. 엔진 고장률이 줄어들고, 비행기가 대형화되고 빨라지면서 종전의 회항 규정을 유연화할 필요가 생긴 건데요.

이에 따라 FAA는 1985년 비상시 회항 시간을 120분까지 할 수 있도록 ETOPS 운항 지역을 확대했고, 1988년에는 75분·120분·180분의 ETOPS 운항 기준도 마련했습니다. ICAO에서는 ETOPS란 용어를 써오다 2012년부터 EDTO로 바꿨고요.

국내에선 1991년 교통부현 **국토교통부**가 ETOPS 운항 허가 신청 절차를 처음으로 마련했다고 합니다. 국토교통부 관계자는 "EDTO 인가 검토는 국토부 내 운항·정비·관리 전문가들이 수행하며, 필요시 해당 기종 제작 당국이나 제작사의 기술 정보도 확인한다"라고 설명합니다.

이처럼 안전을 확보하면서도 항로 단축을 통해 비행시간과 연료 절감을 위한 EDTO는 항공기 제작 기술이 더 발달하면 그 역할이 점점 축소될 것이란 전망도 나옵니다.

"조명 끕니다" 낮과 다른 밤 착륙 …
알고 보니 '중한 이유' 있었다

여객기가 목적지 근처에 다다라 착륙을 앞두면 객실 안이 여러모로 분주해집니다. "좌석 앞 테이블은 제자리로 접어두고, 좌석 등받이도 똑바로 세워달라"는 안내방송이 연신 나오고, 객실 승무원들도 분주히 오가며 이를 꼼꼼히 확인하는데요. 좌석벨트 착용 역시 필수입니다.

낮 시간대 이 정도면 객실 내 착륙 준비는 어느 정도 마무리된 거라고 할 수 있는데요. 그러나 밤에 착륙할 때면 한 가지가 더 필요합니다. 바로 비상구 표시등 같은 일부를 제외한 객실 내 조명을 대부분 꺼서 어둡게 하는 겁니다.

물론 장거리 비행 때 기내식 제공이 끝난 뒤 승객의 편안한 수면을 위해 불을 끄는 경우도 있지만 착륙 때의 소등은 그 의미가 전혀 다릅니다. 바로 비상시를 대비한 '암순응^{暗順應, dark adaptation}'을 위해서인데요.

'암순응'은 밝은 곳에서 어두운 곳으로 들어가거나 갑자기 정전됐을 때처럼 처음에는 잘 보이지 않다가 시간이 지남에 따라 차차 보이기 시작하는 현상을 말합니다. 예를 들어 밤에 객실 조명을 밝게 켠 채 착륙하다가 비상 상황이 발생하면 승객을 급히 밖으로 탈출시켜야 하는데요.

이때 갑자기 어두운 바깥으로 나온 승객들은 암순응 현상 때문에 초기에 앞이 잘 보이지 않아 우왕좌왕하게 될 가능성이 높습니다. 이 경우 비상탈출에도 지장이 생기고, 자칫 피해가 커질 우려도 있는데요.

그래서 야간에 착륙할 때 미리 객실 내 조명을 어둡게 해서 암순응을 앞당기는 겁니다. 그러면 유사시 밖으로 나갔을 때 시야 확보가 상대적으로 수월해질 수 있기 때문입니다.

대한항공에 따르면 이는 IATA International Air Transport Association, 국제항공운송협회 가 만든 객실안전가이드에 규정된 사항이라고 하는데요. IATA는 전 세계 200개가 넘는 항공사가 참여하는 민간기구로 흔히 '항공업계의 유엔 UN'으로 불립니다.

IATA의 객실안전가이드에는 착륙 시점의 시간대에 따라 밝은 시점에는 밝은 조명을, 어두운 시점에는 시설물 확인이 가능한 수준에서 어

대한항공 여객기의 객실 모습　　　　　　　　　　　출처 : 대한항공

두운 조명으로 조절하게 되어 있습니다. 비상탈출 시는 물론, 일반 하기 때도 승객의 눈이 환경에 빨리 적응토록 하기 위해서라는 설명입니다.

이 같은 규정은 착륙은 물론, 이륙 때도 적용되는데요. 대한항공 관계자는 "항공기는 기본적으로 안전하지만, 상대적으로 이착륙 때 사고 가능성이 더 있기 때문에 이에 대비한 국제기준이 마련된 것으로 안다"라고 설명합니다.

참고로 조명과 달리 밤낮에 상관없이 착륙 때 객실 승무원들이 챙기는 게 있습니다. 바로 창문 덮개를 올리는 건데요. IATA의 객실안전가이드에는 착륙 때 비상 상황에 대비해 승무원이 외부 환경을 확인할 수 있도록 비상구 및 비상구 인근 창문은 개방하라고 되어 있습니다.

객실 승무원들이 유사시 바깥 상황을 먼저 파악할 수 있어야 그만큼 대응도 빠르기 때문일 텐데요. 대한항공은 이 규정을 보다 보수적으로 확대 적용해 승객들에게 객실 내 전체 창문의 덮개를 올려달라는 요구를 해왔습니다.

그러다가 지난 2021년 11월부터 이 규정을 없애고 승객이 자율적으로 덮개를 올리거나 내리도록 바꿨다고 하는데요. 승객에게 번거로움을 덜 주고, 착륙 때 확인할 사항을 간소화하기 위해서라는 설명입니다.

객실 중간중간에 일등석과 비즈니스석, 일반석 같은 좌석 클래스 구분 등 여러 이유로 쳐놓은 커튼 역시 이착륙 때는 걷어서 묶는 게 국제적으로 통용되는 기준이라고 합니다. 이는 승무원이 객실 상황을 한눈에 파악할 수 있게 하기 위해서인데요.

대한항공 관계자는 "이착륙 때는 객실 승무원이 승객을 볼 수 있는 시야 확보가 중요하다"라며 "이를 고려해 항공기 제작사에서 아예 객실 승무원이 착석하는 위치를 정해주기도 한다"고 말합니다. 이처럼 이착륙 때 객실에서 이뤄지는 준비 절차 하나하나에도 모두 안전과 이어지는 의미가 있습니다.

내 비행기는 왜 버스 타고 가서 탈까?
탑승구 배정의 원칙

공항에서 비행기를 탈 때 탑승구^{게이트}를 나가서 대기 중이던 셔틀버스를 타고 멀리 이동하는 경우가 간혹 있습니다. 마찬가지로 공항에 착륙한 뒤 여객터미널까지 버스를 이용하기도 하는데요. 이렇게 비행기 탑승 또는 도착 때 버스를 타고 이동하는 것을 항공에서는 흔히 '리모트^{Remote}' 라고 부릅니다. '멀리 떨어진' 정도의 의미를 지닌 단어인데요. 실제로 이런 리모트가 이뤄지는 곳이 바로 '원격주기장'입니다.

탑승구를 나가면 탑승교^{보딩 브릿지, Boarding Bridge}가 이어지고, 이를 통해 곧바로 비행기에 탈 수 있는 주기장은 '접현주기장'이라고 부릅니다. '탑승교 주기장'으로도 칭하는데요. 출발이든 도착이든 승객 입장에서는 사실 이 접현주기장이 훨씬 편하게 느껴질 겁니다.

원격주기장과 터미널을 오가기 위해 버스를 타고, 또 비행기 출입문과 연결된 스텝카^{계단차}를 오르내리는 건 번거로울 수 있기 때문인데요. 실제로 '리모트' 상황이 되면 공항이나 항공사에 항의하는 승객도 있다고 합니다.

그럼 왜 여객기를 승객이 선호하는 '접현주기장'에 배정하지 않고, 멀리 있는 '원격주기장'으로 가도록 할까요? 승객 입장에서는 어느 탑승구냐를 의미하기도 하는데요. 무엇보다 주기장 배정에는 절차와 원칙이 있습니다.

인천공항의 경우 주기장 배정은 대한항공 등 국적사는 운항 하루 전에 하고, 외국 항공사는 정기편은 한 달 전, 부정기편은 운항 하루 전에 하는데요. 계류장운영팀이 담당합니다. 이때 항공사가 제출해 국토교통부에서 승인받은 항공기 운항 계획과 특별 요청 사항 등을 반영합니다.

주기장을 배정하는 우선순위는 첫째 3시간 이내 연결**턴어라운드, Turnaround** 편입니다. 공항에 도착해서 승객을 내린 뒤 급유·기내식 탑재 등 지상조업과 승객 탑승을 마치고 곧바로 출발하는 항공편입니다. 그다음이 출발 편이고, 세 번째가 도착 편입니다.

인천공항 계류장운영팀 관계자는 "여객기 한 대가 마냥 주기장을 차지하고 있으면 공항 운영에 차질이 생기기 때문에 항공기 등급별로 사용 시간을 정해뒀다"고 설명합니다. 참고로 항공기는 A380 같은 대형**F급**에서 B737 등 소형**C급**, 그리고 경비행기**A급**까지 크기에 따라 6개 등급으로 나뉘는데요.

기체가 큰 만큼 급유나 정리 등에 시간이 더 걸리기 때문에 등급이 높을수록 사용 시간도 더 많이 주어집니다. 예를 들어 출발 편의 경우 F급은 90분, E급 80분, C급은 60분이 기준입니다. 도착 후 출발까지 주기장을 연이어 사용하는 연결 편은 C급이 2시간 25분이지만 F급은 3시간 40분이 제한 시간입니다.

인천공항은 또 탑승구가 제1여객터미널과 탑승동, 제2여객터미널로 나뉘어 있고, 이를 이용하는 항공사들이 구분되어 있기 때문에 주기장

인천공항의 탑승교에서 대기 중인 여객기

배정 역시 이를 따릅니다. 여기까지가 주기장 배정의 원칙입니다.

그럼 탑승교가 있는 접현주기장과 '리모트'를 하는 원격주기장으로 나누는 건 어떤 기준일까요? 인천공항의 '공항 운영 및 운영지원 규정'에 따르면 접현주기장은 정시운항률·운항 편수와 여객·항공사·지상조업의 편의 등을 고려해 허용 가능한 범위에서 특정 항공사의 운항편을 배정할 수 있도록 하고 있는데요.

아무래도 인천공항을 많이 이용하고, 지연 출발·도착이 적은 항공사가 유리합니다. 또 여러 이유로 회항하는 항공기는 여객 편의를 위해 접현주기장에 우선 배정하고, 장애인 승객이 탑승한 항공기도 접현주기장 배정을 요구하는 경우 먼저 반영한다고 하는데요.

반면 원격주기장은 탑승교 이용이 구조적으로 어려운 항공기가 가게 되는데, 비행기가 몰리는 첨두 시간^{피크타임}에는 주기장 운영에 연속해서

3차례 문제를 일으킨 항공사와 미리 정해놓은 순번의 항공사 등이 간다고 합니다. 인천공항에서는 하루에 5~7편 정도가 원격주기장을 사용합니다.

그런데 사실 현장에서는 이런 기준과 원칙을 엄격하게 적용하기 어려운 상황이 수시로 발생한다고 합니다. 인천공항 관계자는 "하루 전에 배정했던 주기장 계획이 당일 바뀌는 비율이 40%가 넘는다"고 말합니다.

무엇보다 여객기들이 당초 예정한 시간보다 늦게 도착하기도 하고, 접현주기장에 있는 비행기가 정비 또는 승객 미탑승 등의 이유로 출발이 계속 늦어지는 상황들이 수시로 생기기 때문인데요. 해당 주기장을 예약한 여객기 입장에서는 오도 가도 못하고 피해를 입는 셈입니다.

피크타임에는 사용 가능한 탑승교 주기장이 모자라기 때문에 인근의 다른 게이트를 배정해주기도 어렵습니다. 이런 상황이 되면 결정은 기장이 하게 되는데요. 당초 배정받은 주기장이 20~30분 이내에 비워진다고 하면, 유도로에서 기다리는 경우가 많다고 합니다. 그러나 더 오래 기다려야 할 상황이 되면 하는 수 없이 원격주기장으로 가기도 하는데요.

이렇게 계획에 없던 원격주기장으로 가게 되면 승객을 이동시킬 버스와 각종 조업 장비를 준비하느라 30분 정도 시간이 지체된다고 합니다. 그래서 기장 입장에서는 조금 기다렸다가 접현주기장으로 가는 게 더 낫다고 판단할 수도 있어 보입니다.

간혹 근처의 접현주기장은 비어 있는데 원격주기장으로 가게 하느냐고 항의하는 경우도 있다고 하는데요. 여기에도 사정이 있습니다. 접현주기장은 얼핏 다 같아 보이지만 주기장별로 사용 가능한 항공기 등급이 정해져 있습니다.

급유 등 각종 작업을 하기 위한 공간 확보가 필요하기 때문인데요. 아무 비행기나 보낼 수 없는 이유입니다. 최근에는 새로 출시된 항공기의 엔진과 탑승교 거리가 너무 가까운 탓에 안전거리$^{1.5m}$를 맞추지 못해 주기장을 사용하지 못하는 경우도 있다고 합니다.

또 한 가지는 지상조업사가 다른 경우입니다. 지상조업은 급유와 수하물 운반·탑재 등 비행기 출발과 도착 때 필요한 작업 등을 말합니다. 인천공항에는 6개가량의 지상조업사가 각 항공사와 계약을 맺고 운영 중인데요.

조업사마다 사용하는 장비의 종류와 연식이 다르기 때문에 항공사가 바뀌면 이들 장비로 지상조업이 사실상 어려워지는 탓에 조업사가 다른 경우 접현주기장이 비어 있어도 배정할 수 없다는 설명입니다.

여러 원칙과 기준, 그리고 어려운 현장 여건을 거론했지만 실제로는 훨씬 더 많은 돌발 상황과 변수가 생긴다는 게 인천공항 얘기입니다. 김포공항을 비롯한 다른 공항도 조금씩 차이가 있을 뿐, 상황은 별반 다르지 않습니다.

고리버들 의자에서 수억 원대 일등석까지…
여객기 좌석의 변신

항공사가 비행기를 새로 도입할 때 고심하는 것 중 하나가 '좌석'입니다. 항공권 등급별로 어떤 기능과 모양을 갖춘 좌석을 제작해서 기내에 설치하느냐 하는 건데요. 좌석이 해당 항공사의 경쟁력을 좌우하는 요소 가운데 하나이기 때문입니다. 통상 비행기 좌석은 항공사가 별도로 전문 회사에 디자인과 제작을 의뢰한 뒤 비행기에 설치하게 됩니다.

항공 여행의 초창기인 1910년대 비행기 좌석은 고리버들이나 등나무로 만든 의자였다고 합니다. 지금도 유물처럼 전해져 오는 로손항공사의 좌석이 대표적으로 고리버들로 만든 '앉은뱅이 의자'였습니다.

이후 비행기 의자의 재질은 나무로 바뀌었다가 알루미늄 등 금속 소재 프레임을 사용하는 방식으로 변화하는데요. 등받이가 각도별로 젖혀지는 의자도 1930년대 후반부터 연구가 활발하게 진행돼 1940년대에 들어서는 활용되기 시작했다고 합니다.

재미있는 건 1920~1930년대 비행기에 현재와 유사한 침대형 좌석이 있었다는 겁니다. 처음부터 침대칸을 설치한 경우도 있고, 좌석을 최대한 눕혀서 잠을 청할 수 있도록 하는 방식이었습니다. 당시 항공기는 속도가 상대적으로 느렸기 때문에 장거리 노선을 운항할 때 상당한 시간이 소요되는 탓에 승객들이 편히 누워서 쉴 수 있는 공간이 필요했을 듯합니다.

180도 누울 수 있는 호주 콴타스 항공의 비즈니스석

제2차 세계대전이 끝나면서 항공업에도 적지 않은 변화가 일어나는데요. 기존 군용기를 개조한 저가의 여객기들이 시장에 진입하면서 대형 항공사들이 사실상 단일 등급이었던 좌석을 나누기 시작한 겁니다. 요금이 다소 저렴한 일반석이 생기기 시작한 게 이때쯤입니다.

또 제트엔진을 장착한 빠른 여객기가 등장하면서 비행시간이 크게 단축되자 침대형 좌석도 상당 부분 사라지게 됐다고 하는데요「여객기 좌석의 변모와 특징」, 국민대 신호식. 사실 이코노미석도 VOD맞춤영상정보서비스 설치와 재질 향상 등 많은 변화가 있었지만, 항공기 좌석 경쟁은 주로 일등석퍼스트클래스과 비즈니스석을 중심으로 이뤄져 왔다고 할 수 있는데요.

이런 경쟁 속에 오랜 기간 사라졌던 침대형 좌석도 다시 모습을 나타내게 됩니다. 항공업계에 따르면 1989년 싱가포르항공이 일등석에 최초로 등받이가 180도로 완전히 젖혀져 침대처럼 변하는 좌석을 설치했다고 하는데요. 이전까지는 일등석이라고 해도 등받이가 완전히 누어지는 수준은 아니었습니다.

이후 영국항공과 루프트한자 등 많은 항공사가 침대형 좌석을 다시 도입하게 되는데요. 대한항공도 1997년 완전히 누워서 잘 수 있는 '모닝 캄 클래스'를 선보입니다. 대한항공은 2005년에는 마치 누에고치코쿤를 연상시키는 침대형 좌석을 독자 개발하기도 했습니다. 당시 알려진 좌석 설치 비용은 개당 1억 원이었다고 합니다.

2012년에는 아시아나항공이 국내에서는 처음으로 일등석 입구에 여닫이문이 달린 '오즈 퍼스트 스위트'를 도입했는데요. 문을 닫으면 온전히 독립된 공간이 만들어지는 좌석으로 개당 제작비만 7억 원으로 전해집니다. 비슷한 시기에 대한항공이 A380에 설치한 일등석인 '코스모 스위트'는 대당 2억 5,000만 원으로 알려져 있습니다.

그런데 항공기 좌석 제작비는 대외비라는 게 항공사들의 공통된 설명입니다. 그래서 최근의 좌석 가격은 정확히 공개된 게 없습니다. 대한항공 관계자는 "조금 차이가 있겠지만, 일등석은 대당 3억 원 이상, 비즈니스석은 1억 5,000만 원, 일반석은 700만~800만 원 선인 것 같다"라고만 말합니다.

보는 관점에 따라 다르겠지만, 현재까지 항공사 간 좌석 경쟁의 끝판왕은 아마도 에티하드항공의 일등석인 '더 레지던스'가 아닐까 싶은데요. A380에 도입된 세계 최초의 객실형 좌석으로 거실과 침실, 욕실 등 3개의 룸으로 구성돼 있습니다. 호화스러운 좌석 구성만큼이나 항공권 가격도 다른 항공사의 일등석보다 훨씬 비싼 것으로 알려져 있습니다.

이처럼 럭셔리한 좌석 경쟁이 벌어지고 있지만 다른 한편에서는 일반석에 승객을 조금이라도 더 많이 태우기 위한 아이디어를 짜내기도 하는데요. 2018년 이탈리아의 항공기 인테리어 전문 디자인 회사인 아비오 인테리어스가 선보인 '스카이 라이더', 일명 서서 가는 좌석이 대표적입니다.

2010년에 선보였던 초기 버전을 개량한 이 좌석은 승객이 사실상 엉덩이만 의자에 걸친 채 거의 서서 가야만 하는 구조인데요. 가급적 승객을 더 태우는 데 최우선을 둔 디자인인 셈입니다.

실제로 10여 년 전쯤 아일랜드의 유명 저비용 항공사인 라이언에어가 이 좌석의 도입을 고려했었다는 얘기도 나옵니다. 당시 설문조사에서 응답자의 60% 이상이 "무료라면 탈 용의가 있다"고 답했다고 하네요. 이렇게 보면 항공시장의 양극화는 점점 더 심해지고 있는 모양새입니다.

'통합 대한항공' 새 옷값 대당 10억…
비행기 도색 몰랐던 사실

머지않아 대한항공과 아시아나항공이 명실상부하게 하나의 항공사로 통합하게 됩니다. 대한항공이 아시아나항공을 인수했고, 관련 절차가 모두 마무리된 건데요. 대한항공은 아시아나항공 인수 등을 대비해 통합 CI[Corporate Identity, 기업 이미지 통일] 작업도 했습니다. 통합 CI가 나오면 그에 따른 후속 작업은 상당히 방대한데요.

작게는 각종 서류 양식과 사무용품에서부터 승무원 유니폼과 항공사 카운터, 건물 등의 로고와 색깔도 모두 바꿔야 합니다. 그중에서도 중요한 건 항공기 도색, 즉 비행기에 새로 페인트를 칠하는 작업일 겁니다. 통합의 상징이기도 하니까요.

그런데 항공기 도색작업은 생각보다 간단하지 않습니다. 기간이 오래 걸리고 비용도 상당합니다. 또 자체 도색 설비를 갖추지 못한 항공사는 국내 또는 외국의 다른 회사에 이를 맡겨야 하는데요. 대한항공은 김해 중정비 공장에 초대형 항공기인 A380까지 도색이 가능한 시설을 자체 보유하고 있습니다. 아시아태평양 지역에서 이 정도 규모의 도색 설비를 갖춘 곳은 우리나라와 중국, 싱가포르 3곳밖에 없다고 합니다.

대한항공에 따르면 여객기 중 작은 편에 속하는 B737의 경우 페인트 칠을 새로 하는 데 걸리는 시간은 6일 정도이며, 사용되는 페인트양은 약 300ℓ라고 합니다. 또 중형 여객기는 9~10일 정도 걸리고, 점보 제트기로 불리는 B747은 12일이 소요됩니다. 페인트도 800ℓ가 필요한데요. 가장 큰 여객기인 A380은 도색 작업에 보름가량 걸리는 데다 페인트도 1,500ℓ가 들어간다고 하네요.

항공기의 페인트 작업은 통상 다섯 단계로 나눕니다. 우선 과산화수소로 만든 화약 약품을 뿌려서 기존에 칠해져 있던 페인트를 벗겨내는 것으로 시작하는데요. 화학물질을 사용했을 때 손상될 가능성이 큰 부위에는 분당 1만 2,000회를 회전하는 사포연마기를 사용해서 페인트를 제거한다는 게 대한항공의 설명입니다. 이 작업에만 2~3일이 걸린다고 합니다.

페인트를 벗겨내고 나면 세척하고, 알로다인이라는 약품을 뿌려 항공기 표면에 산화 피막을 만들게 되는데요. 피막이 생겨 표면이 거칠어진 항공기 표면에는 연둣빛 프라이머**primer, 전처리 도장용 도료**를 바릅니다. 이는 항공기 표면을 덮고 있는 알루미늄을 보호하고 페인트의 접착력을 높이기 위해서입니다.

이어 실제 페인트를 칠하는 작업인 '톱 코팅**Top Coating**'이 진행되는데요. 고전압으로 페인트 입자를 음극(-)으로 만들어 양극(+)인 항공기 표면에 달라붙게 하는 '정전 스프레이 도장' 방식이 사용됩니다. 정전기가 일어나면 피부에 옷이 달라붙는 원리를 이용해서 페인트를 항공기 표면에 칠하는 건데요. 스프레이나 붓으로 칠하면 공기 또는 먼지가 들어갈 우려가 있기 때문입니다.

이때 사용하는 페인트는 일반 페인트와는 다른데요. 녹이 스는 것을 막아줘야 하고 색이 변해서도 안 됩니다. 그래서 영하 56도에서 영상 40도에 이르기까지 극심한 온도 변화와 강한 자외선을 견디는 특수 페인트를 씁니다. 마지막 단계로 페인트 손상을 예방하고 광도를 높이기 위해 코팅 작업을 실시하고, 항공사 로고나 일련번호를 넣는 마킹 작업을 하게 됩니다.

이런 복잡한 과정을 거치다 보니 항공기 도색작업에 꽤 긴 시간이 걸릴 수밖에 없는데요. 시간도 시간이지만 비용 역시 만만치 않습니다. 도색 비용은 계약마다 다른 데다 대외비라서 정확히 알기도 어렵습니다.

하지만 특수 페인트와 도료값, 인건비 등을 고려하면 대당 5억~10억 원가량 될 거라는 게 항공업계의 얘기입니다. 2006년 아시아나항공이 기존의 색동무늬 대신 붉은색 화살표 모양으로 로고를 바꿨을 때 알려진 도색 비용은 대당 3억 원 정도였습니다.

그럼 대한항공과 아시아나항공이 통합될 경우 전체 비행기 도색이 끝나려면 얼마나 많은 시간이 걸릴까요? 항공기 등록 정보에 따르면 2025년 11월 기준으로 대한항공은 170여 대, 아시아나항공은 60여 대를 보유하고 있습니다. 총 230여 대인데요.

한 대에 열흘만 잡아도 2,300일, 그러니까 6.3년 정도가 걸린다는 계산이 나옵니다. 물론 이것은 하루도 쉬지 않고 도색작업을 한다고 가정했을 경우이고, 휴일 등을 고려하면 더 많이 소요될 겁니다. 대한항공이 보유한 도색 설비는 한 번에 한 대만 작업이 가능하다고 합니다. 한 달에 두세 대 정도인데요.

더 큰 문제는 비행기는 여름철과 겨울철의 6개월 단위로 운항 스케줄이 빽빽하게 짜여 있다는 겁니다. 도색을 위해서 무조건 비행기를 빼낼 수 없다는 의미인데요. 그래서 도색 순서를 정하기도 쉽지 않다고 합니다. 아시아나항공이 당시 61대를 새로 칠하는 데 거의 5년이 걸린 것도 이 때문입니다.

또 비행기는 한번 도색하면 7~9년 정도 사용이 가능하기 때문에 굳이 칠한 지 얼마 안 되는 비행기까지 전면 도색을 하기에는 비용 부담도 클 거란 얘기도 나옵니다. 그래서 필요에 따라 임시로 로고만 바꾸는 방안도 고려될 듯합니다.

이렇게 따져보면 새로운 통합 CI를 적용할 경우 전체 항공기를 모두 도색하는 데는 길게는 7~8년이 걸릴지도 모를 일입니다. 물론 기간을 단축하는 방안도 강구하겠지만 말입니다. 참고로 항공기에 특별한 그림을 표현하는 래핑**Wrapping**은 페인트로 직접 그려 넣는 것과 특수 필름을 붙이는 두 가지 방법이 있습니다. 요즘은 특수 필름을 붙이는 방식이 주로 사용되고 있는데요.

영하 60도에서 영상 50도까지 견딜 수 있는 특수재질로 된 항공기 전용 필름에 이미지를 입힌 뒤 부착하는 방식으로 동체 꼬리 쪽에서 머리 쪽으로, 또 아래쪽에서 위쪽으로 붙인다고 합니다. 바람 저항을 적게 받게 하기 위해서라는 설명입니다.

드론은 무인인데 '드론 택시' 뭐지?
전문가도 헷갈리는 'UAM'

도시권역에서 30~50km의 거리를 자동차로 이동하려면 도로 여건에 따라 다르겠지만 대략 1시간 정도 걸립니다. 그런데 이 거리를 단 20분 만에 조용하면서도 빠르게 주파할 수 있다는 신개념 항공교통 서비스가 있다면 어떨까요?

아직 본격적으로 실용화되지는 않았지만, 기존 교통 체계를 확실히 뛰어넘는 시스템임은 분명합니다. 이 체계를 흔히 'UAM^{Urban Air Mobility}', 우리말로는 '도심항공교통' 또는 '도심형 항공교통 체계'로 부르는데요.

좀 더 풀어서 얘기하자면 소음이 적고 친환경적인 4~5인승의 전기 수직 이착륙기를 이용해 도심 내 또는 도심 주변 하늘을 빠르게 이동하는 교통 시스템인데요. 물론 이를 이용하기 위한 접근 교통 수단과의 연계도 포함합니다.

국내에서는 UAM 기체가 다닐 고도를 300~600m로 정해놓고 있는데요. 수요가 집중될 공항에는 대규모 이착륙장인 '버티포트^{Vertiport}'를 건설하고, 도심에서는 고층 건물의 옥상을 소형 이착륙장으로 사용할 수 있다고 합니다.

 체증이 심한 육상교통이나 소음이 큰 장애였던 헬기 등에 비해 속도
도 빠르고 훨씬 조용하고 친환경적인 신개념의 교통수단인데요. 이 때
문인지 세계 주요 컨설팅 회사들의 전망을 보면 UAM 산업은 2040년 기
준으로 최대 1조 4,740억 달러약 2,150조 원 규모까지 성장할 거라는 예측도
나옵니다.

 요즘은 개념을 확장해서 'RAM**Regional Air Mobility**' 또는 'AAM**Advanced Air
Mobility**'으로 부르는 경우도 있습니다. 우리말로는 지역항공교통, 첨단항
공교통 정도로 해석이 가능할 듯싶은데요.

 그런데 UAM을 언급할 때 정리가 필요한 부분이 있습니다. 바로 사용
하는 용어들인데요. UAM을 얘기할 때면 PAV와 드론이 뒤섞여 쓰이기
때문입니다. 게다가 개념도 혼동된 탓에 심지어 전문가들조차도 이들
용어를 같은 의미로 혼용하기도 하는데요.

 앞서 언급한 대로 UAM은 도심항공교통을 의미하는 시스템적인 용
어입니다. 개별 비행체를 뜻하지는 않는다는 얘기입니다. 그럼 혼용되
는 PAV는 뭘까요. 'PAV**Personal Air Vehicle**'는 영문 그대로 개인용 비행체를
말합니다. 여기에 활주로가 필요 없이 수직 이착륙이 가능하다는 의미
도 담고 있는데요. 국제적으로는 'UAV**Unmanned Aerial Vehicle, 무인비행체**'란 용어
를 쓰기도 합니다.

 UAM 체계에 적용하려고 개발 중인 PAV는 그중에서도 'eVTOL**electic
Vertical Take - Off and Landing**', 즉 전기를 이용한 수직 이착륙기입니다. eVTOL
은 프로펠러를 사용하고 수직 이착륙한다는 면에서는 헬리콥터와 유사
하지만, 전기를 동력으로 쓰기 때문에 소음이 훨씬 더 적고 향후 수소를
사용하는 비행체 개발도 가능하다는 장점이 있습니다.

현재는 미국의 조비 에비에이션**Joby Aviation**을 비롯해 중국과 유럽 회사들이 eVTOL 개발과 상용화를 두고 치열한 경쟁을 벌이고 있습니다.

뒤섞여 쓰이기는 '드론**Drone**'도 마찬가지인데요. 본래 뜻은 조종사 없이 무선전파의 유도로 비행과 조종이 가능한 비행기나 헬리콥터 모양의 무인 항공기이지만, PAV와 많이 혼용되고 있는데요.

게다가 요즘 언급되는 UAM 시스템을 보면 무인 비행 대신 조종사가 탑승하는 PAV가 많이 등장합니다. 이는 UAM의 안전성에 대한 이용객의 불안감을 고려한 측면이 크다고 합니다. 그렇다 해도 조종사가 탑승하는 PAV라면 드론의 본래 의미와는 차이가 큰데요.

다만 대부분 초기에는 승객의 심리적 불안을 고려해 조종사를 동승시키되 시스템이 안정되면 말 그대로 무인 비행을 하겠다는 계획입니다. 이렇게 되면 진정한 드론 운행이 되는데요. 이 드론을 이용한 택시 서비스가 '드론 택시'입니다.

국내 UAM 실증에 활용 중인 전기 수직 이착륙기

빼놓을 수 없는 분야가 하나 더 있는데요. 바로 UTM^{Unmanned aerial system Traffic Management}으로 드론 교통관리 체계를 말합니다. PAV가 도심 하늘을 마음대로 날아다니게 했다가는 자칫 충돌사고 등 여러 문제가 생길 수 있을 텐데요. 이 때문에 PAV의 비행을 승인하고 실시간으로 움직임을 모니터링하고, 비행금지 구역을 설정하는 등의 기능이 필요합니다.

국내에서도 한국공항공사, 한화, 현대차, 대한항공, KT, 인천공항공사 등 굵직한 대기업과 공기업이 여러 개의 컨소시엄을 구성해 UAM 도입을 준비하고 있는데요. 국내외에서 UAM이 상용화된다면 교통 체계에도 획기적인 변화가 일어날 겁니다. 하지만 그전에 꼭 해결해야 할 과제가 있습니다. 바로 안전입니다. 하늘길에서 일어나는 사고는 그야말로 치명적이기 때문입니다.

하늘 나는 '플라잉카',
돈만 있으면 자가용처럼 탈 수 있을까

지난 2021년 슬로바키아 업체에서 개발한 '에어카**Air Car**' 시제품이 시험 비행에 성공했다는 소식이 전해졌습니다. 에어카는 도로에서는 일반 자동차처럼 주행이 가능하고, 날개를 펴고 프로펠러를 가동하면 하늘을 날 수 있는 '플라잉카**Flying Car**'인데요.

이 하늘을 나는 차는 슬로바키아의 니트라 국제공항과 수도 브라티슬라바 사이를 시속 170km를 35분가량 비행했습니다. 버튼을 누르면 2분여 만에 차체에 숨겨져 있던 날개와 꼬리가 펴지면서 비행 모드로 변신이 가능하다는데요.

아직 시제품이라 정식으로 시장에 나오기까지 시간이 제법 걸릴 것으로 보이지만 당시 미국에서만 약 4만 건의 주문이 들어온 것으로 알려져 있습니다. 같은 해 미국의 스타트업인 NFT가 몇 년 뒤 판매할 플라잉카의 사전 예약을 받는다는 소식도 있었습니다. '아스카**ASKA, 새**'라는 이름이 붙은 4인승으로 가격은 당시 78만 9,000달러**약 11억 5,000만 원**이었는데요.

6개의 로터**날개**에 각각 구동 모터를 단 아스카는 수직 이착륙이 가능하며, 날개를 모두 접으면 기체 밑에 달린 바퀴를 이용해 도로에서도 달릴 수 있습니다. 최대 시속은 240km 정도입니다. 두 회사 외에도 미국과 유럽 등지의 여러 회사가 플라잉카 개발에 박차를 가하고 있는데요. 도로와 하늘 모두에서 사용이 가능한 플라잉카가 상용화된다면 꽤 유용할 것이란 생각이 듭니다.

여기서 궁금증이 하나 생깁니다. 개인도 돈만 있으면 플라잉카를 사서 국내에서 자가용처럼 사용할 수 있을까요? 앞서 소개한 아스카의 경우 차량 구매에만 11억 원 넘게 필요합니다. 또 국내에 들여오려면 여러 가지 세금이 붙을 겁니다. 여기까지는 돈만 있으면 됩니다.

그런데 이게 끝이 아닙니다. 플라잉카를 실제로 운영하려면 자동차 운전면허증은 기본이고, 조종사 자격증이 반드시 있어야 한다는 게 항공 당국의 설명입니다. 조종사 자격증 취득에는 적지 않은 시간과 비용이 소요됩니다.

더 큰 걸림돌이 있습니다. 아직 플라잉카와 관련한 구체적인 법령이나 규정이 정비되지는 않았지만, 현재 기준으로만 보면 플라잉카를 국내에 도입하고 사용하려면 인증을 받아야만 합니다. 자동차로서뿐 아니라 항공기로서도 인증이 필요하다는 의미인데요. 항공기 인증은 미국의 경우 미국 연방항공청**FAA**이 담당하고, 우리나라는 국토교통부의 항공안전 파트에서 관장합니다.

국토부 관계자는 "항공기는 자칫 사고가 나면 워낙 피해가 크기 때문에 인증 절차가 상당히 까다롭다"며 "설계에서부터 제작, 그리고 실제 성능까지 꼼꼼하게 살펴본다"고 말합니다. 또 미국에서 인증을 받았더라도 국내에 도입할 때는 대부분 다시 인증 절차를 거쳐야만 한다는데요. 이 때문에 기업이 아닌 개인이 이런 절차를 다 알아서 통과하기는 사실상 어려운 일이라는 평가입니다.

문제는 또 있습니다. 수직 이착륙이 아니라 이륙을 위해 활주가 필요한 방식을 적용한 플라잉카의 경우 도로 주행이 허용될지도 미지수입니다. 이륙을 위해 달리려면 무엇보다 전방에 다른 차량이 없어야 하고 상당히 빠른 속도로 주행해야 하기 때문인데요. 이래저래 도로 소통 상황에 적지 않은 지장을 줄 가능성이 커 보입니다.

결국 플라잉카가 도입되고 실제로 날기 위해서는 그전에 관련 제도의 정비가 필요합니다. 도입 절차와 자격 요건, 주행 가능 도로, 비행 구역 등 여러 사안에 대한 보다 정밀한 규정이 마련돼야만 비로소 플라잉카의 시대가 열릴 수 있지 않을까 싶습니다.

땅에 코 박은 286t 비행기 일으켰다…
인천공항 '비장의 무기'

지난 2016년 6월 6일 밤 인천공항을 출발해 미국 알래스카의 앵커리지 공항으로 가려던 국제화물 운송기업인 UPS 소속 대형 화물기가 활주로를 이탈해 근처 녹지에 멈춰선 사고가 발생했습니다. 당시 화물기는 타이어가 펑크 난 채 기체 앞쪽이 바닥에 박혀 있는 상태였는데요.

기체 이상으로 정상적인 이륙이 안 되면서 발생한 사고였습니다. 다행히 화물기 조종사와 승무원들은 사고 직후 무사히 탈출했습니다. 그러나 사고 화물기가 이륙을 시도했던 1번 활주로는 폐쇄됐는데요. 활주로 주변의 이착륙 관련 장치도 파손됐지만, 무엇보다 사고 화물기가 활주로 근처에 멈춰 서 있었기 때문입니다.

이 화물기를 옮기고 주변 시설을 복구해야만 활주로를 다시 사용할 수 있는 상황이었습니다. 문제는 땅에 코를 박고 멈춰서서 움직일 수 없는 비행기를 어떻게 옮기느냐였는데요. 해당 화물기는 미국의 맥도널더글러스사가 제작한 MD-11 기종으로 사고 당시 총중량은 286t에 달했습니다. 자체 중량만 약 130t이 되는 데다 연료와 화물 무게가 더해진 겁니다.

사고기를 옮기려면 어느 정도 평형 상태로 들어 올려서 바퀴 부분을 교체하는 등 응급조치를 한 뒤 견인해야만 하는데요. 기체를 여러 가닥의 줄로 묶은 뒤 기중기로 올리는 방법도 있지만, 워낙 무거운 탓에 자칫 동체가 휘어지거나 상할 위험이 있습니다.

그래서 특정 부위에만 하중이 가해지지 않도록 골고루 기체를 떠받치면서 들어 올려야만 했는데요. 마침 인천공항에는 비장의 무기가 있었습니다. 이런 활주로 이탈이나 동체착륙 사고를 대비해 2008년에 5억 원을 들여 구입해둔 '항공기 부양장비Aircraft Lifting Bag'가 그것인데요. 항공 업계에서는 흔히 줄여서 '에어백'이라고 부릅니다.

인천공항이 보유한 에어백은 독일제로 B747급 항공기를 들어 올릴수 있도록 30t용 에어백 6개와 40t용 2개, 그리고 공기를 넣는 에어컴프레서 1대로 구성돼 있습니다. 40t용 에어백은 공기를 다 넣으면 높이가 3m에 달한다고 합니다.

에어백을 이용해 화물기를 들어 올리는 모습　　　　　　출처 : 인천국제공항공사

이 에어백 8개를 항공기 밑에 고르게 배치하고 모두 가동하면 최대 260t까지 부양시킬 수 있는데요. B747은 승객과 화물, 연료 무게를 제외한 자체 중량만 170~180t입니다. 인천공항에서는 우선 무게를 줄이기 위해 연료(약 90t)를 빼낸 뒤 에어백으로 기체를 서서히 들어 올렸습니다. 이어 고장 난 타이어를 바꾸고, 화물도 모두 내리고는 사고기를 무사히 견인할 수 있었는데요.

이때가 국내에서 처음으로 항공기 부양장비를 사용한 현장입니다. 인천공항 관계자는 "자체적으로 움직일 수 없게 된 항공기를 복구하는데 에어백이 꼭 필요한 장비임을 확인하게 됐다"고 말합니다.

인천공항에 따르면 국내에서 에어백을 보유한 공항은 인천공항 외에 제주공항과 서울공항 두 곳이 더 있습니다. 서울공항은 2013년에, 제주공항은 2019년에 도입했는데 모두 B747급 항공기 부양용입니다.

이처럼 국내에는 에어백이 3곳에 있어서 유사시 가져다 쓰면 되겠지만, 만약 장비가 없다면 어떻게 해야 할까요? 이런 경우에는 인근 국가의 공항이나 항공사에서 빌려와야만 합니다. 그런데 흔치 않은 사고를 대비해 모든 공항이나 항공사가 이 장비를 갖추고 있는 건 비효율적일 겁니다.

그래서 IATP International Airlines Technical Pool 주도로 전 세계 6개 대륙 10여 개 항공사를 지정해 에어백을 확보·관리하도록 하고 있는데요. 유사시 이들 항공사가 에어백을 빌려주는 겁니다. IATP는 항공기 수리 부품과 정비 도구, 지상 장비, 항공기 복구 등에 필요한 자원을 공유하기 위한 국제선 운항 항공사 간 협력체로 100여 개 회원사로 구성돼 있습니다.

아시아에서는 일본항공나리타, 인디아항공뭄베이, 타이항공방콕 등이 지정 항공사입니다. 또 국내 3곳 외에 홍콩공항, 타이페이공항, 베이징공항 등에서도 에어백을 갖고 있다고 합니다. 에어백이 없는 아시아 국가들은 이들 항공사 또는 공항에서 빌려오면 되는데요. 물론 임대료를 내야 하고 운반비도 부담해야 합니다.

훈련용 공중표적으로 시작한 드론…
이젠 여객 운송에 도전장

다방면에 활용도가 커지고 있는 무인 비행체 '드론Drone'은 처음엔 대공포와 전투기 사격훈련을 위한 무인 표적기로 개발됐습니다. 1935년 영국이 만든 'DH드하빌랜드-82 Queen Bee퀸비'가 드론의 실질적인 원조로 알려져 있는데요.

그 이전에도 무인 비행체 개발과 연구는 여러 번 있었다고 합니다. 주로 폭탄을 싣고 날아가 적진에 떨어져 자폭하는 형태를 구상했는데요. 1917년 미국에서 130kg의 폭탄을 싣고 비행할 수 있는 무인 항공기 '스페리 에어리얼 토페도'를 개발했다는 기록이 있습니다.

제1차 세계대전이 막바지로 치닫던 1918년에는 일회용 무인기 '케터링 버그'가 제작됐는데요. 복엽기2개의 날개가 나란히 겹친 비행기를 개조한 케터링 버그는 조종석에 100kg이 넘는 폭탄을 싣고 사전에 입력된 항로를 따라 80km 이상 자동 비행할 수 있었다고 합니다.

목표지역에 도달하면 엔진을 멈추고 날개를 분리해 동체 폭탄만 떨어뜨리는 방식이었는데요. 그러나 성공률이 낮아 실전에는 사용되지 못했다고 합니다. 이 같은 무인 비행체는 그야말로 일회용이었는데요.

반면 여왕벌이라는 의미를 가진 '퀸비'는 재사용이 가능했습니다. 『사회 대변혁과 드론 시대』형설출판사라는 책을 출간한 구본환 전 인천공항공사 사장은 "영국이 400기 이상의 퀸비를 양산한 것도 재사용이 가능했기 때문"이라고 설명합니다.

퀸비는 무인비행체를 드론이라고 부르는 것과 관련이 깊은데요. 드론 명칭을 둘러싼 두 가지 설이 있습니다. 첫째는 무인 비행체가 날아가는 소리가 영어사전의 뜻 그대로 '벌이 왱왱거리는 소리'와 비슷해서 붙여진 이름이라는 얘기입니다.

퀸비란 명칭과 연관된 건 두 번째 설인데요. 여기에도 여러 버전이 있지만, 미국의 역사학자이자 군사 분석가인 스티브 잘로가에 따르면 1935년 영국 해군의 초청으로 퀸비를 활용한 대공사격 시범을 참관한 미국 해군 제독 윌리엄 스탠들리가 귀국 후 퀸비와 같은 무인 비행체 개발을 휘하의 델머 파니 사령관에게 지시했습니다.

이듬해 파니 사령관이 먼저 개발된 모델인 '여왕벌퀸비'에 대한 경의의 표시로 자신들이 제작한 무인비행체에 '수컷 벌드론'이라는 이름을 붙였다는 겁니다. 드론이란 명칭을 영국이 붙였다는 견해도 있긴 합니다.

이런 과정을 거쳐 등장한 드론은 거의 군사용으로 발전을 거듭했는데요. 무인 비행체는 'UAVUnmanned Aerial Vehicle'라고도 부릅니다. 1951년 미국이 '라이언 파이어비Ryan Firebee'라는 최초의 제트 추진 무인기를 개발했으며, 베트남전에서는 정찰용으로 사용됐습니다.

현대식 무기로 드론이 본격 등장한 건 1982년 이스라엘과 레바논 간의 전쟁부터라는 주장도 나오는데요. 이스라엘이 개발한 소형 정찰용 무인기 '스카우트Scout'가 레바논을 지원하던 시리아군의 레이더와 미사

도로 법규 위반 차량 적발에 나선 드론   출처 : 한국도로공사

일 기지의 위치 정보를 파악하기 위해 사용됐다는 얘기입니다.

이후 아프가니스탄과 보스니아, 이라크전 등에서 등장한 미국의 '프레데터Predator'와 '리퍼Reaper'는 대테러 전쟁의 주력으로 평가될 정도로 막강한 공격력을 과시했는데요. 정밀한 감시와 정찰을 위한 초미니 스파이 드론도 등장한 상황입니다.

드론은 최근에 물류와 농업, 의료, 환경보호 등 다양한 민간 용도로 그 영역을 넓히고 있습니다. 드론을 이용해 물품을 운송하고, 농약을 살포하고, 섬이나 산간오지에 의료품을 전달하기도 하는데요.

이제 드론이 새로운 분야인 여객 수송에 도전장을 내밀고 있습니다. 우리나라와 미국, 영국 등 여러 나라가 개발을 서두르고 있는 '도심항공교통UAM, Urban Air Mobility'을 통해서인데요. UAM은 친환경 전기동력 수직이착륙기e-VTOL 등을 이용해 도심과 공항 등 주요 지점 간에 승객과 화물을 운송하는 새로운 항공 교통 체계를 말합니다.

국토교통부가 2021년 발간한 『한국형 도심항공교통K-UAM 운용 개

넘서 1.0』에 따르면 UAM에 드론이 등장하는 시기는 2030년쯤으로 예상됩니다. 초기에는 비행사가 직접 탑승해 조종하고, 이후 성장기 (2030~2034년)에 접어들면 통제실에서 비행체를 원격 조정한다는 계획인데요. 현재 운용 중인 드론 대부분이 원격조정 방식입니다.

성숙기를 맞는 2035년 이후에는 자율비행 드론을 도입할 방침인데요. 이때가 되면 승객이 목적지만 입력하면 드론이 알아서 최적의 경로를 찾아 스스로 비행하게 됩니다. 지상에 자율주행차가 있다면 하늘에는 자율비행 드론이 있는 셈입니다.

한번 뜨면 지구 한 바퀴, 54시간 비행…
화물기 조종도 2명뿐?

화물기 운항은 여객기와는 여러모로 다릅니다. 무엇보다 한번 출발하면 상당한 시간이 지난 뒤에야 되돌아오는데요. 여객기의 경우 비행시간은 13~14시간이 최장 수준입니다. 인천~뉴욕, 인천~애틀랜타 노선이 대표적인데요.

대부분 목적지 공항에 도착해서는 승객을 싣고 출발지 공항으로 되돌아오는 여정입니다. 물론 중간에 다른 공항에 들러 승객을 더 태우기도 합니다.

반면 화물기는 인천공항을 출발하면 여러 공항을 번갈아 들러가며 화물을 운송합니다. 국내 항공사가 운영하는 화물 노선 중에선 대한항공의 '인천~앵커리지^{미국}~마이애미^{미국}~상파울루^{브라질}~산티아고^{칠레}~리마^{페루}~로스앤젤레스^{미국}~인천' 노선이 비행시간이 가장 긴데요.

기다랗게 이어진 아메리카 대륙을 거의 종주하는 수준입니다. 편명도 구간에 따라 KE273, KE274로 두 번 바뀝니다. 순수하게 하늘에 떠 있는 시간만도 53시간에 달하는데요. 기착지에서 잠시 머무는 시간^{그라운드 타임}

까지 합하면 운항 시간이 무려 64시간을 넘습니다. 인천을 떠나서 돌아올 때까지 꼬박 2박 3일이 걸리는 셈입니다.

대한항공 관계자는 "주 2회 운항하는 노선이지만 비행시간을 따져보면 일주일 내내 하늘에 해당 비행편이 떠 있는 것으로 보면 된다"고 말합니다. 대한항공의 KE277, 278편도 비행시간이 상당한데요. '인천~앵커리지~댈러스미국~과달라하라멕시코~밴쿠버캐나다~인천' 구간으로 비행시간만 33시간에 달합니다.

아시아나항공도 2025년 8월에 화물사업 부문을 에어인천현 에어제타에 넘기기 전까지 인상적인 화물 노선을 운영했는데요. 말 그대로 한번 뜨면 지구를 한 바퀴 돌아오는 노선이었습니다. 인천에서 출발해 앵커리지, 뉴욕미국, 브뤼셀벨기에을 거쳐 인천으로 돌아오게 되는데요. 미주와 유럽을 다 거쳐오는 것으로 순수 비행시간은 32시간가량입니다.

이렇게 장거리를 오랜 시간 비행하기 때문에 운항 승무원기장, 부기장도 많이 필요합니다. 통상 비행시간 8시간 이내이면 3명이, 8시간을 넘으면

짐을 싣고 있는 대한항공 화물기   출처 : 대한항공

4명이 타게 되는데요. 4명의 경우 2개 조로 나눠 이착륙과 순항 업무를 각각 담당한다고 합니다.

또 각 기착지에선 앞선 비행편으로 도착해서 휴식을 취한 운항 승무원이 기다리고 있다가 교대합니다. 현지에 체류한 운항 승무원들은 최초 타고 왔던 화물기로 돌아가기도 하고, 다른 스케줄의 항공기를 타고 다른 기착지까지 이동하는 경우도 있다는 설명입니다.

화물기에는 객실 승무원이 없기 때문에 조종사들이 직접 기내식을 챙겨서 식사하는데요. 기착지마다 계약한 업체에서 기내식을 실어두면 때에 맞춰 교대로 식사를 합니다. 이때 식중독 등 만일의 사태를 대비해 기장과 부기장은 각각 다른 메뉴를 먹습니다.

이들 화물기가 실어 나르는 품목도 그야말로 다양한데요. 반도체나 스마트폰 등 첨단 부품은 물론, 말이나 돼지 등 생물도 운송합니다. 2017년 고병원성 조류인플루엔자^{AI} 여파로 발생한 달걀 파동 때도 화물기의 달걀 수송 작전이 빛났다고 전해집니다.

이재용, 인천공항 대신 택했다…
출입국 10분 만에 끝내는 이곳

이재용 삼성전자 회장이 2025년 11월 17일 김포공항을 통해 아랍에미리트**UAE** 출장길에 올랐는데요. 이 회장이 모습을 보인 곳은 국제선 여객터미널이 아닌 '서울김포비즈니스항공센터**SGBAC, Seoul Gimpo Business Aviation Center**'였습니다.

일반 여행객에게는 낯선 곳인데요. 쉽게 말하면 이곳은 전용기, 그러니까 자가용 비행기를 타고 출국 또는 입국할 때 이용하는 별도의 터미널입니다. 국내에는 김포공항에서만 유일하게 운영되고 있습니다.

여객터미널**2,983㎡**과 공용격납고**5,721㎡**, 정비격납고**6,769㎡** 등으로 이뤄진 이 시설은 총 423억 원을 들여 2016년 6월에 문을 열었습니다. 여객터미널은 한국공항공사가, 격납고는 민간기업인 Avjet**항공기 관리회사**가 운영을 맡고 있는데요.

전용기는 동시에 7대까지 주기 가능하며, 필요하면 주기장을 더 배정받을 수도 있다고 합니다. 터미널 안에는 출입국 수속을 위한 각종 심사대와 귀빈실, 승무원 대기실 등이 마련되어 있는데요.

한국공항공사 관계자는 "외국의 유명 인사나 기업인 등에게 신속하고 차별화된 출입국 서비스 제공을 통해 우리나라의 이미지도 높이고 경제 활성화에도 기여하자는 취지로 만든 시설"이라고 설명합니다.

공항공사에 따르면 자가용 비행기 전용 터미널은 미국에서 가장 활발하게 운영되고 있으며, 중국과 일본에서도 전용기 운항이 많이 이뤄지고 있습니다. SGBAC는 주로 미국의 운영모델을 벤치마킹했다고 합니다.

이곳의 장점은 무엇보다 빠른 출입국 절차입니다. 보안검색과 출입국 수속, 검역, 세관통관 등이 한 공간에서 이뤄지기 때문에 평소엔 10분 안팎이면 모든 절차가 끝나는데요. 출입국과 세관, 검역 관련 직원들은 평소에는 상주하지 않으며 전용기가 들어오거나 나가기 하루 전에 통보하면 이용 당일에 출장 근무를 한다는 설명입니다.

또 다른 장점은 일반 여행객과 섞이지 않고 조용하게 출입국이 가능하다는 점입니다. 특히 프라이버시 보호에 민감한 외국의 유명 연예인

김포공항의 자가용 비행기 전용터미널인 SGBAC

이나 기업인들이 이곳을 애용하는 이유이기도 합니다. 이곳이 문을 열기 전에는 자가용 비행기를 이용해도 일반 여행객과 함께 출입국 수속을 밟아야 했습니다.

물론 서울 시내가 가깝다는 장점도 빼놓을 수 없습니다. 그래서 국내 대기업 총수들도 해외 출장 때 자주 이용한다고 합니다. 연중무휴로 운영되며, 이용 대상은 자가용 항공기와 탑승객입니다. 내국인은 업무상 목적인 경우만 이용이 허용됩니다.

참고로 삼성은 과거에는 자가용 비행기 3대를 보유했었지만 모두 처분하고 요즘은 필요할 때 대한항공에서 빌려서 이용한다고 알려져 있습니다. 국내에서 자가용 비행기를 보유한 기업은 현대차와 SK, 한화 정도입니다.

이처럼 여러 장점이 있는 만큼 한번 오갈 때 100만 원이 넘는 별도의 이용료가 부과됩니다. 물론 전용기가 주기하는 데 따른 주차비, 그러니까 주기료는 별도로 받습니다. 만일 정비나 실내 주기를 위해 격납고를 이용한다면 역시 사용료를 더 내야 하는데요. 항공기 크기에 따라 하루에 200만~350만 원가량을 받는다고 합니다.

일부에서는 국내 재벌기업들을 위한 호화 시설 아니냐는 부정적인 시각도 있는데요. 하지만 코로나19 이전의 이용 실적을 보면 상황은 전혀 다릅니다. 2019년 한해만 봐도 총 운항 편수 2,014편 가운데 67%인 1,349편이 외국 항공기였습니다. SGBAC을 이용한 전용기 10대 중 7대는 외국 비행기라는 의미입니다.

이용 국가로는 중국이 가장 많고, 이어서 일본과 미국 순입니다. 중국에만 자가용 비행기가 400대가량 있다고 하는데요. 격납고가 부족해서 해외의 격납고로 눈을 돌리고 있다는 게 Avjet 측 설명입니다.

이곳이 뜻하지 않게 코로나19 대응에도 크게 기여했는데요. 바로 2020년 초 세 차례에 걸쳐 중국 우한의 우리 교민 848명을 국내로 수송할 때 바로 이 시설을 이용했습니다. 당시 격납고 안에 임시 입국심사대를 설치하고, 세관 검사를 위한 이동형 엑스레이 시설까지 동원했는데요.

김포공항뿐 아니라 김해공항에 있는 엑스레이까지 가져왔다고 합니다. 아직 코로나19의 실체를 정확히 모르던 때라 사실 걱정이 적지 않았다는데요. 그래서 주로 공항공사의 간부급 직원들이 전신 방호복을 착용하고 교민들의 입국 절차를 도왔다는 후문입니다.

승객들 다 태우고 눈 청소…
그 뒤 꼭 지켜야 하는 시간 'HOT'

겨울철에 정상적인 항공기 운항을 가로막는 가장 큰 장벽은 뭐니 뭐니 해도 '눈^{snow}'일 겁니다. 적은 양이면 괜찮지만, 폭설이라도 내리면 비행 편이 대거 지연되거나 취소되기도 하는데요. 눈이 오면 공항은 크게 두 가지 작업으로 분주해집니다. 우선 활주로와 유도로에 쌓인 눈을 치우는 제설작업을 해야 합니다.

인천공항의 경우 제설작업이 필요한 면적만 국제규격 축구장$^{100×70m}$ 1,140여 개를 합친 것과 맞먹는다고 합니다. 첨단 제설 장비를 동원해도 상당한 시간이 걸릴 수밖에 없는 이유입니다. 게다가 순차적으로 활주로를 하나씩 폐쇄하고 눈을 치우기 때문에 항공기 이착륙도 지연될 수밖에 없는데요. 평소보다 사용 가능한 활주로 수가 줄어드는 탓입니다.

또 한 가지 중요한 작업은 바로 '디아이싱$^{De-Icing}$'인데요. 항공기 표면에 쌓인 눈과 서리, 얼음을 깨끗이 제거하고 다시 얼어붙지 않도록 하는 작업입니다. 고온의 특수용액을 고압으로 항공기에 분사하는 방식으로 얼핏 '세차'처럼 보이기도 합니다.

이런 작업을 하는 이유는 안전 때문인데요. 만일 비행기에 쌓인 눈과 얼음 등을 제거하지 않고 이륙을 시도하게 되면 날개 및 동체의 가동 부분이 제 기능을 못 하고, 항공기 날개의 공기역학적 특성도 지장을 받게 돼 자칫 큰 사고로 이어질 수 있다는 설명입니다.

특히 항공기는 날개의 위와 아래를 공기가 통과하면서 생기는 기압 차^{양력}를 이용해서 이륙하는데, 날개 표면에 눈이 얼어붙어 있으면 공기 흐름이 불규칙해져 제대로 양력을 얻기 힘들어 최악의 경우 추락 위험까지 있다고 합니다.

국토교통부가 만든 운항기술 기준에 '항공기 운영자는 항공운송사업을 위한 운항에 있어 서리, 얼음 또는 눈이 항공기에 부착되는 것이 예상되는 경우 지상에서 방빙 또는 제빙작업이 이루어지지 않는 한 항공기를 이륙시켜서는 안 된다'는 규정이 있는 것도 이런 이유에서입니다. 디아이싱 작업은 항공사와 계약을 맺은 지상조업사에서 담당하는데요. 지상조업사들이 갖춘 디아이싱 차량들은 특수 기능을 가진 관계로 가격이 7억~12억 원에 달한다고 합니다. 비행기의 눈을 치우는 작업은 활주로가 아닌 항공기 전용 제빙처리장^{제방빙장}에서 이뤄집니다.

항공기 위에 뿌리는 디아이싱 용액이 환경오염을 일으킬 우려가 있기 때문에 폐수처리 시설을 갖춘 전용 처리장을 만든 건데요. 인천공항은 두 개의 여객터미널 사이와 활주로 옆 등에 모두 20여 개의 제방빙장을 두고 있습니다. 항공기별로 제방빙장을 배정하는 건 계류장 관제탑에서 담당합니다.

제방빙장에서는 통상 항공기 한 대에 디아이싱 차량 2대가 동원돼서 작업하게 됩니다. 시간은 비행기 크기에 따라 대략 25~35분 정도 소요된다고 하는데요. 디아이싱 장비가 충분치 않아 한 대만 동원되거나 하면 시간은 2배 이상 걸릴 겁니다.

이 같은 디아이싱 작업은 승객을 다 태운 뒤에 시행하는데요. 그러다 보니 비행기 탑승에서부터 이륙까지 걸리는 시간이 좀 더 길어질 수밖에 없습니다. 이 때문에 승객들 입장에서는 "승객이 타기 전에 미리 눈 다 치우고 오면 시간도 절약될 텐데 왜 그렇게 안 하느냐"고 의문 또는 불만을 가질 수도 있을 겁니다.

승객을 다 태운 뒤 눈을 치우는 이유는 바로 '방빙 지속시간Hold Over Time' 때문입니다. 줄여서 'HOT'라고 부르는데요. 디아이싱 작업 때 다시 눈이 얼어붙지 말라고 뿌리는 방빙액의 효능이 유지되는 시간을 의미합니다.

만일 이 시간을 넘기도록 이륙하지 못하게 되면 다시 디아이싱 작업을 받아야만 합니다. HOT는 주로 미국연방항공청FAA의 기준을 따르는

디아이싱 작업 중인 대한항공 여객기　　　　　　출처 : 인천국제공항공사

데 항공기 기종과 상관없이 작업 때 쓰는 방빙액 타입과 혼합비율, 강수 종류, 항공기 표면온도 등에 따라 달라지는데요.

방빙액 타입은 1~4까지 있으며 대체로 숫자가 클수록 효능 지속시간이 길어집니다. 예들 들어 타입 1의 경우는 45분 정도 효과가 이어지지만 타입 4는 100% 원액을 쓰면 최대 12시간까지 HOT가 늘어납니다.

또 타입 4 방빙액의 원액과 물을 반반씩 섞어서 쓰는 경우 3시간으로 줄어듭니다. 같은 타입이라도 방빙액 브랜드에 따라서 효능이 차이 난다고 하는데요. 여기에 외부 기온도 영향을 미치는데 기온이 크게 떨어질수록 효능 지속시간도 단축됩니다.

대한항공에 문의했더니 기온이 섭씨 영하 5도에서 중간 수준의 눈이 내릴 때 타입 4의 방빙액을 사용한다고 가정하면 약 1시간에서 1시간 50분가량을 효능 지속시간으로 잡는다고 설명합니다. 물론 세부적인 조건에 따라서 이 시간도 유동적입니다.

이렇게 보면 승객을 태우기 전에 디아이싱 작업을 했다가 탑승 절차와 이륙 대기 과정에서 예상외로 시간이 지체되면 다시 눈을 치우러 가야 하는 낭패를 볼 수도 있습니다. 반면 승객을 다 태운 뒤에 눈을 치우면 HOT에 좀 더 여유가 생기게 되는 겁니다.

이런 과정을 거쳐 항공기가 일단 이륙하게 되면 안전에는 별문제가 없다고 하는데요. 비행기는 통상 구름 위를 날기 때문에 비나 눈의 영향을 크게 받지 않는 데다 항공기 자체적으로도 결빙을 막는 시스템을 장착하고 있기 때문입니다.

한해 기름값만 200억 아꼈다…
일석삼조 '하늘 위 지름길'

양양공항**강원도**을 이륙해 제주도로 향하는 여객기는 통상 국토를 가로질러 수도권까지 온 뒤 다시 서해안을 따라 남하해 충청·전라 지역을 통과하는 하늘길을 이용합니다. 이 노선이 정규 항공로인 겁니다.

그런데 2020년부터는 야간이나 주말 등에 양양공항에서 강릉과 경북, 경남을 가로질러 제주공항으로 가는 특별 항공로를 활용하기도 하는데요. 비행거리가 기존보다 80km가량 짧아 시간이 20여 분 단축된다고 합니다. 물론 연료비도 그만큼 아끼고, 이산화탄소CO_2 배출량도 줄어드는데요.

이 같은 하늘길을 '단축 항공로'라고 부릅니다. 그야말로 두 마리 토끼를 잡거나, 일석삼조一石三鳥의 효과를 누릴 수 있는 '하늘 위 지름길'인 건데요. 국내엔 현재 모두 10여 개의 단축 항공로가 설정돼 있습니다. 하지만 이 항공로는 사용하고 싶다고 해서 마음대로 다닐 수는 없습니다.

이유를 알려면 먼저 우리나라의 항공로 구조를 살펴봐야 하는데요. 민간 관제 업무를 총괄하는 국토교통부의 항공교통본부에 따르면 우리나라 항공로는 인천공항을 중심으로 크게 동, 서, 남쪽 방향으로 구성돼 있습니다. 북쪽은 휴전선 때문에 사실상 사용 불가입니다.

서쪽으로는 유럽과 중국 방면으로 가는 항공로가 있고, 남쪽은 동남아시아 방면 그리고 동쪽은 미주와 일본 방면을 오가는 항공로가 있습니다. 얼핏 보면 민간항공기가 자유롭게 다니는 것 같지만, 속사정을 살펴보면 우리나라 하늘에는 제약이 상당히 많습니다. 항공 분야에서는 하늘 공간을 흔히 '공역空域'이라고 표현하는데요.

공역은 항공기와 초경량 비행장치 등의 안전한 활동을 보장하기 위해 지표면 또는 해수면으로부터 일정 높이의 특정 범위로 정해진 공간을 말합니다. 국가의 무형자원 중 하나이며, 항공기 비행 안전과 우리나라 주권 보호 및 방위 목적으로 지정해서 사용합니다.

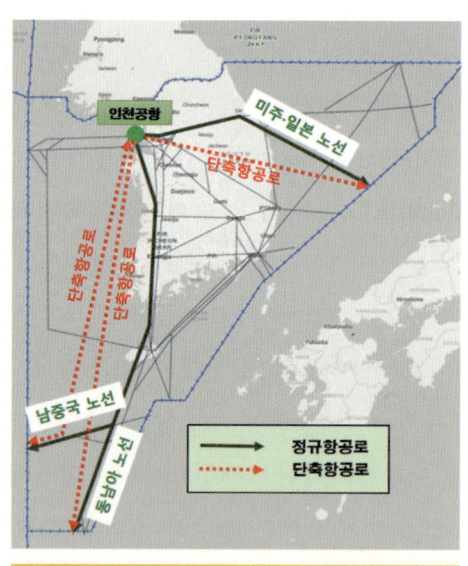

국내에서 운영 중인 단축 항공로 예시   출처 : 국토교통부

이런 의미로 보면 공역은 다양한 이용자들의 필요에 따라서 효율적으로 구성되고 운영돼야 하지만, 우리나라는 남북 분단과 대치라는 특수한 사정이 있습니다. 그래서 군軍 훈련을 위해 설정된 공역, 즉 '군 공역'이 우리 전체 공역의 절반을 넘습니다.

군 공역은 원칙적으로 민간 항공기는 이용할 수 없기 때문에 우회해서 다녀야만 합니다. 직선으로 비행할 때보다 시간이 더 걸리고 연료 사용량도 늘어날 수밖에 없는 건데요. 그러다 보니 항공업계 등에서 비행 거리 단축에 대한 요구가 나오게 됐고, 관제 당국과 국방부·공군 등 관계기관 합의를 거쳐 2004년 군 공역을 가로지르는 9개의 단축 항공로 운영을 시작하게 된 겁니다.

당시에는 시간과 연료 절약이 주목적이었지만 그사이 못지않게 중요한 이슈가 등장합니다. 바로 기후변화를 막기 위해 CO_2 배출량을 줄이자는 '탄소중립'인데요. 실제로 항공기를 운항할 때 배출되는 CO_2 양은 상당한 수준입니다.

2023년 기준으로 민간 항공운송에서 발생한 CO_2가 9억 5,000만t에 달한다고 하는데요. 전 세계적으로 자연 발생이 아닌 인공적인 CO_2 배출량의 2% 이상이 항공운송에서 나온다는 통계도 있습니다.

이 때문에 ICAO국제민간항공기구와 항공 선진국들에선 친환경 운항이 주요 이슈로 떠올랐다고 합니다. 우리나라도 마찬가지여서 항공운송에 따른 CO_2 배출량을 줄이고, 시간과 연료도 아낄 수 있는 단축 항공로를 더 늘리게 된 겁니다.

단축 항공로는 주로 야간과 주말, 그리고 기상악화로 군 비행이 없는 시간에 활용되는데요. 평일과 주간 시간대에는 대부분 군의 비행 훈련이 있기 때문이라고 합니다. 단축 항공로 이용 전에 우선 항공교통본부가 운영하는 대구·인천 ACC**Area Control Center, 항공기 관제센터** 관제사가 공군방공통제소**MCRC**에 연락해 군 공역 사용 여부와 사용 가능 시간을 실시간 협의합니다.

그리고는 해당 항공편에 단축 항공로를 사용한 직선비행을 지시하게 됩니다. 항공교통본부 관계자는 "공군과의 긴밀한 업무협조를 통해서 사전에 합의된 단축 항공로 외의 구간에서도 민간 항공기에 다양한 단축 비행경로를 제공하고 있다"고 말합니다.

군 비행이 없는 시간대 등 특정 조건으로만 운영되는 항공로인 '조건부 항공로**CDR, Conditional Route**'도 있는데요. 실시간으로 결정되고 활용하는 단축 항공로와 달리 항공사가 비행계획 단계에서부터 해당 항공로를 적용해 아예 연료를 적게 싣게 함으로써 보다 효율적인 항공기 운항이 가능하다는 설명입니다.

이러한 하늘 위 지름길의 효과는 고무적입니다. 지난 2022년에만 단축 항공로를 통해 줄어든 비행거리가 214만 6,000km에 달합니다. 절약한 유류비도 200억 원에 육박하고, CO_2 저감량도 4만 8,000t 가까이 된다고 하네요. 이는 30년 된 소나무 750만 그루가 한해 흡수하는 CO_2 양과 맞먹는 수준입니다.

외국에서도 유사한 항공로 단축제도를 운영하고 있는데요. 국토부에 따르면 일본은 'FUA**Flexible User Airspace, 탄력적 공역 운영**'라는 제도를 통해 군 공역 사용계획이 없을 경우 민간 항공사가 이용할 수 있도록 하고 있습니다. 이를 통하면 10분 정도 비행시간 단축 효과가 있다네요.

독일은 한발 더 나아가 일정 고도 이상의 항공기가 사용 가능한 'FRA**Free Route Airspace, 자율 경로 설정 공역**'란 제도를 만들어 공역의 입출항 지점만 설정하고 항공사가 그 안에서 자율적으로 가장 효율적이고 안전한 경로로 비행계획을 짜도록 하고 있습니다.

　비용 절감과 친환경이 주요 화두로 떠오른 국내외 항공 분야에서는 앞으로도 안전하고 빠른 하늘 위 지름길을 찾고 활용하는 노력이 계속 이어질 전망입니다.

Part 02

이야기보따리아이

풀고

달리는 철마

오리주둥이, 새 부리, 산천어···
고속철 앞이 제각각인 까닭?

우리나라와 일본, 중국 등에서 운행 중인 고속열차를 보면 앞부분 모양이 꽤 다양합니다. 흔히 '오리주둥이'라고 부르는 형태도 있고, 새의 부리를 연상시키는 모습도 있는데요. 우리나라의 KTX-산천은 토종물고기인 산천어를 모티브로 했다고 합니다.

이처럼 고속열차 앞부분의 디자인이 제각각인 이유는 뭘까요? 국내 유일의 고속열차 제작사인 현대로템에 물었더니 "국가마다 나름의 디자인 콘셉트가 있다"라는 답변이었습니다. 고속열차를 디자인할 때는 발주처가 원하는 형상을 제시하기 전에 미리 전문 디자이너가 프로젝트 콘셉트에 맞는 차량 디자인을 한 뒤에 발주처와 소통하며 조금씩 바꾸는 과정을 거친다는 설명입니다.

특히 우리나라와 프랑스는 반드시 콘셉트 디자인을 먼저 정해놓고 거기서 소음이나 공력, 저항 등을 따져가며 디자인을 차츰 수정한다고 하는데요. 중국과 일본의 고속열차가 지닌 독특한 모양도 그 나라의 디자인 콘셉트로 봐야 한다는 얘기입니다.

물론 각기 독특한 디자인을 하는 데는 나름의 이유가 있습니다. '오리 주둥이'는 일본의 고속열차인 신칸센에서 볼 수 있는데요. 앞부분이 부리처럼 길쭉하기는 하지만 위로 올라가면서 마치 오리의 콧구멍을 연상시키는 뭉툭한 모양을 하고 있어 그렇게 불립니다.

열차 업계에 따르면 오리주둥이를 한 고속열차가 등장한 것은 터널과 연관이 깊은데요. 일본에선 터널 관련 세부 항목에 '미기압파'라는 부분이 있습니다. 고속열차가 터널을 들어가고 나올 때 순간적으로 소음과 진동을 밖으로 뿜어내는 것을 미기압파라고 하는데요.

이 미기압파가 강하면 "쾅" 하는 굉음과 함께 상당한 진동이 생기는 탓에 인근 민가와 축사 등에 피해가 크다고 합니다. 국내에서 '터널 소닉붐'이라고 부르는 것과 같은 현상인데요. 터널 출구에서 나는 폭발음이 마치 제트기가 음속을 돌파할 때 발생하는 소리소닉붐와 비슷하다고 해서 이름 붙여졌다고 합니다.

일본은 터널 수도 적지 않지만, 고속선로 인근에 민가가 가까이 있는 경우가 많다고 하는데요. 이러한 피해를 줄이기 위해 부리 위의 뭉툭한 콧구멍 부분이 미기압파를 골고루 분담함으로써 소음과 진동을 최소화하도록 디자인했다고 알려져 있습니다.

하지만 이런 모양을 하면 공기저항이 증가해 상대적으로 속도나 에너지 효율 면에서 손해를 본다고 하네요. 터널이 넓으면 미기압파를 보다 줄일 수 있지만, 일본은 상대적으로 터널 단면적도 좁은 편이라고 합니다.

신칸센에 오리주둥이를 한 고속열차만 있는 건 물론 아닙니다. 우리의 KTX와 비슷하게 앞부분이 다소 뭉툭하거나 새 부리 형상을 한 열차도 많습니다. 그렇다면 길쭉하고 날카로운 새 부리 형상은 어떤 이유일까요. 중국에서 특히 많이 볼 수 있는 모습인데요. 땅이 넓고, 선로 길이도 워낙 길어서 속도가 무엇보다 중요하기 때문이라고 합니다.

현대로템 관계자는 "속도를 높이려면 새 부리 형상이 유리한 건 맞다"라며 "아무래도 낮은 유선형 형태가 바람의 저항을 덜 받기 때문"이라고 설명합니다.

하지만 앞부분이 무조건 길다고 해서 좋은 건 아니라고 하는데요. 열차는 속도뿐만 아니라 안정성도 매우 중요하기 때문에 정면뿐 아니라 옆에서 불어오는 바람도 고려해야 하는데 앞부분이 너무 길어지면 측풍에 약해져 주행 안정성이 떨어진다고 합니다.

또 기존 철도역의 플랫폼 길이를 고려해 차체 길이를 다른 열차와 비슷하게 가져간다고 가정하면 앞부분이 길어진 만큼 승객들이 탈 좌석은 줄어드는 문제도 있다고 하네요. 역시나 중국의 고속열차도 새 부리 외에 다양한 모양이 있습니다.

여기서 혹시나 우리나라도 터널이 많은데 고속열차의 앞부분이 상대

KTX-산천은 앞모습이 산천어를 닮았다.　　　　　　출처 : 코레일

적으로 짧은 형태여서 문제는 없을까 하는 의문이 들 수도 있을 텐데요. 사실 우리나라도 고속철도를 건설할 때 이른바 '터널 소닉붐' 감소에 꽤 공을 들였다고 합니다.

우선 현재 운행하는 우리 고속열차는 터널 진입 때 압력 저항계수 기준을 충족하도록 설계했으며, 굳이 새 부리 형상을 하지 않더라도 충분히 안정성이 있다는 게 현대로템 측 설명입니다. 또 우리나라는 터널을 건설할 때 상대적으로 넓게 만들었다고 합니다.

철도건설을 총괄하는 공공기관인 국가철도공단 관계자는 "일본은 터널 단면을 상당히 좁게 만들었지만 우리는 터널 소닉붐을 고려해 그것보다 여유 있게 건설해왔다"고 말합니다. 터널 소닉붐을 줄이기 위해 터널 입구에 소음 저감용 후드라는 구조물을 설치하기도 하는데요. 국내에서는 10여 년 전에 호남고속철도 정읍 부근에 처음 설치됐다고 합니다.

지난 2020년에는 일반적인 소음 저감용 후드보다 성능이 월등한 '상어 생체모사형 터널 미기압파 저감 후드'를 한국철도기술연구원의 연구진이 개발해 화제가 됐는데요. 기존 후드의 소음 저감 효율은 50% 안팎이지만 이 후드는 80%를 넘어섭니다.

상어가 빠르게 헤엄칠 때 입으로 들어오는 바닷물의 압력을 줄이려고 양쪽으로 아가미를 벌리는 모습에서 착안해 개발됐다고 하는데요. 중부내륙고속철도 2단계 구간충주~문경에 있는 2개 터널에 이 후드가 설치됐다고 합니다.

철길 옆 단단히 쌓인 눈벽 뭐지?
방금 '이 열차' 지나간 흔적

한겨울에 소복이 쌓이는 눈은 꽤 낭만적입니다. 하지만 도로나 철도 측면에서 보면 상당한 골칫거리인데요. 눈이 쌓이고 맹추위에 얼어붙기까지 하면 자동차나 열차 운행에 적지 않은 지장을 주기 때문입니다.

그래서 눈이 내리면 도로에는 어김없이 제설차가 등장합니다. 물론 염화칼슘을 곳곳에 뿌려 눈을 녹이기도 하는데요. 제설차는 눈을 치우는 데 필요한 각종 장비가 설치되어 있어서 한번 지나가면 상당량의 눈이 사라집니다.

그렇다면 철길 위에 쌓인 눈은 어떻게 치울까요? 철도는 외진 지역에 놓여 있는 경우도 많아 도로처럼 일일이 염화칼슘을 뿌리기도 쉽지 않습니다. 그렇다고 눈을 그대로 뒀다가는 열차 운행이 불가능해질 텐데요. 이 때문에 고안된 게 바로 눈을 치우는 특수열차인 '제설 열차'입니다.

제설 열차는 겨울철에 눈이 많이 내리는 러시아와 북유럽, 북미 그리고 일본 등에서 많이 활용되고 있는데요. 코레일과 국가철도공단에 따르면 제설 열차는 두 가지 방식으로 나뉩니다. 첫째가 '웨지 플로우Wedge plow' 방식으로 열차 앞에 뾰족한 대형 구조물을 달고 달리면서 눈을 양옆으로 밀어내는데요. 이 구조물은 마치 대형 선박의 앞부분을 그대로 옮겨온 듯한 모양입니다.

웨지 플로우 방식은 1800년대 중반부터 사용되었다고 하는데요. 초기에 나무였던 재질이 금속으로 바뀐 것 외에는 배의 앞부분을 닮은 듯한 모양새가 별로 바뀌지는 않았다고 합니다. 통상 기관차 앞에 구조물이 붙어 있는 차량을 붙여서 운행하는데요.

눈의 압력 탓에 자칫 열차가 탈선할 수 있는 위험이 있기 때문에 시속 80km 이상으로 달려야만 안전하다고 합니다. 비교적 구조물의 가격이 싸고 유지보수 비용도 저렴하다는 장점이 있지만, 눈이 너무 많이 올 경우에는 눈의 압력을 이겨내기가 쉽지 않아 사용이 어렵다는 단점도 있습니다.

이를 극복하기 위해 개발된 제설 열차가 '로터리Rotary' 방식입니다. 프

뾰족한 형태의 제설장비를 장착한 기관차   출처 : 코레일

로펠러가 회전하면서 얼어붙은 눈 덩어리를 부수는 구조물을 장착한 열차를 앞부분에 달고 운행하는데요. 로터리 방식은 웨지 플로우 방식과 비교하면 많은 양의 눈과 단단하게 굳은 눈까지 모두 처리가 가능하다는 게 장점입니다.

그러나 눈을 갈아서 흩뿌리는 방식이라 구조물이 충분히 눈을 부수고 뿌릴 수 있도록 천천히 운행해야 하다 보니 웨지 플로우 방식보다 제설 시간이 오래 걸린다는 단점도 있습니다. 차량 가격이 비싸고 유지보수 비용도 많이 든다고 하는데요.

또 로터리 방식으로 제설하게 되면 철길 양옆에 눈이 벽처럼 쌓여 터널과 같은 길이 굳어지기 때문에 한번 로터리 방식으로 눈을 치우면 다른 제설 방식으로 대체할 수 없다는 단점도 있습니다.

그래서 요즘엔 로터리 방식과 웨지 플로우 방식을 혼합한 가변형 제설 열차도 개발되고 있습니다. 로터리 구조물을 양옆으로 펼치는 방식을 통해 얼어붙은 눈을 잘게 부수면서도 바로 옆에 쌓이게 하는 게 아니라 아예 철길 바깥으로 멀리 흩어버린다고 합니다.

국내에서는 어떤 제설 방식이 사용되고 있을까? 사실 우리나라는 러시아나 북유럽, 북미 등에 비해 눈이 그렇게 많이 내리는 편은 아니기 때문에 본격적인 제설 열차는 없습니다. 코레일 관계자는 "열차가 많이 다니는 동안에는 눈이 자동으로 치워지기도 하지만 쌓이는 속도가 더 빠를 때는 적설계와 지상검지 장치로 적설량을 파악해 속도제한 조치를 내린다"고 설명합니다.

눈에 덮여 레일 면이 보이지 않을 경우 시속 30km 이하로 열차를 운행토록 하며 하루 적설량을 21~5cm까지 5단계로 나눠서 속도를 제한한다는 얘기입니다. 또 열차 운행이 중지된 야간에 폭설이 내리면 제설을 위해 임시열차를 운행하는데요.

견인력이 뛰어난 디젤기관차 앞에 제설 장치를 설치해서 첫차 운행 전까지 선로에 쌓인 눈을 치웁니다. 통상 2시간마다 운행하지만, 눈이 더 많이 내리면 운행 빈도를 조정한다고 하네요. 이때 디젤기관차 앞에 설치하는 제설 장치는 작은 '웨지 플로우'라고 불러도 될 것 같은 뾰족한 모양입니다.

이 제설기가 눈을 밀어내는 역할을 하게 되는데요. 디젤기관차에 제설기를 설치하는 작업에는 차량 관리원 4명이 동원돼 약 20분 정도 걸린다고 합니다. 제설기는 동해와 영주, 대전 등 전국 6개의 철도차량 정비단에서 관리하고 있습니다. 물론 눈이 기록적으로 내리게 되면 제설작업이 별 소용 없기 때문에 열차 운행 중단 조치가 내려집니다.

KTX 시속 170km로 늦춰야 했다…
작지만 위험, 혹한 속 이 물체

강력한 한파가 닥치면 고속열차인 KTX와 SRT가 평소보다 속도를 많이 늦춰서 운행합니다. 통상 시속 280km대 안팎으로 달렸다면 이때는 구간과 열차에 따라서 시속 170~230km가량으로 주행하는 건데요.

코레일에 따르면 이들 감속 운행은 눈과 바람의 영향을 고려했기 때문이라고 합니다. 코레일과 SR^{수서고속철도} 같은 열차 운영기관은 이상기후 때 고속철 등 각종 열차 운행을 통제하기 위한 기준을 갖고 있는데요.

기본적으로 고려하는 날씨는 강설과 강우, 강풍, 그리고 폭염 등 네 가지입니다. 이 중 혹한기와 관련이 깊은 항목이 강설과 강풍일 텐데요. 코레일의 고속철도 운전 취급 세칙을 보면 우선 눈이 내리는 경우 레일면이 눈에 덮여 보이지 않을 정도의 상황이 되면 시속 30km 이하로 운전하게 돼 있습니다.

또 하루 적설량이 21cm 이상일 때는 시속 130km 이하로 달리고, 일간 적설량이 14cm 이상 21cm 미만이면 시속 170km 이하로 속도를 낮춰서 주행해야 합니다. 이보다 적설량이 적으면 시속 230km 이하로 운

혹한에 고속으로 달리면 자갈이 튀어오른다.

전합니다.

코레일 관계자는 "눈이 쌓여 얼어붙은 상황에서 열차가 고속으로 달리게 되면 선로 주변의 자갈이 튀어 올라 차체나 유리창을 때려서 파손하는 상황이 생길 수 있기 때문에 속도를 줄이는 것"이라고 설명합니다.

바람은 특히 항공기 운항에 크게 지장을 주지만, 열차에도 영향을 미치는데요. 풍속이 초속 45m 이상이 되면 열차 운행을 보류하거나 아예 중지하도록 되어 있습니다. 물론 이 정도 강풍이 부는 경우는 매우 이례적입니다.

또 초속 40m 이상 45m 미만인 때는 시속 90km 이하로, 초속 30m 이상 40m 미만이면 시속 170km 이하로 달려야 합니다. 초속 30km 미만일 경우는 풍속에 따라서 단계적으로 감속해서 운행한다고 하는데요. 참고로 일반열차는 풍속이 초속 30m를 넘으면 열차 운행을 일시 중지합니다. 그런데 관련 규정에는 없지만, 기온이 크게 떨어지게 되면 꽤 신경 쓰이는 부분이 있습니다. 바로 선로 용접부와 레일 이음매부, 분기기 등인데요. 고속선로는 물론 최근에 교체되는 일반선로는 길이 200m 이상의 장대레일을 이은 뒤 연결 부분을 용접해서 하나로 만듭니다.

이렇게 되면 레일 사이 틈이 없이 매끈하게 연결돼 열차가 달릴 때 덜컹거리는 소음이나 충격이 없어져 승차감이 대폭 향상됩니다. 하지만 틈이 없이 이어지다 보니 날씨에 따라서 레일이 팽창하거나 수축하는 현상에 취약할 수 있습니다. 겨울에는 강추위로 인해 금속 재질인 레일이 수축하다 보면 용접 부위가 끊어질 우려가 있는 겁니다.

이 경우 열차 바퀴가 빠지는 등 사고 위험을 배제할 수 없는데요. 또 열차의 방향을 바꿔주는 분기기도 혹한 탓에 작동에 문제가 생기면 위험한 상황이 생길 가능성이 높습니다. 그래서 겨울철 혹한기가 되면 코레일 등 철도 운영기관에서 선로 용접부와 레일 이음매부, 분기기 등에 대한 안전 점검을 강화하는 것도 이러한 이유에서입니다.

120년 전 서울에도 있던 '트램'…
처음엔 말이 열차 끌고 다녔다

홍콩 하면 여러 가지 명물이 떠오르겠지만 그중에서 2층짜리 트램^{Tram}을 빼놓을 수 없을 겁니다. 2층 트램과 자동차가 도로에서 뒤섞여 다니는 모습은 낯설지만 흥미로운 광경이기도 합니다. 또 일본 홋카이도의 항구 도시인 하코다테를 방문하면 꼭 노면전차를 타보라고 권유받게 되는데요. 도시를 대표하는 오래된 명물이라는 설명입니다.

유럽도 마찬가지입니다. 프랑스, 영국 등 여러 나라에서 다양한 디자인의 트램이 활발하게 운영되고 있는데요. 아쉽게도 국내엔 운영 중인 트램이 아직 없습니다. 위례신도시를 관통하는 위례트램이 예정대로 2026년에 개통된다면 국내 1호 트램으로 기록될 텐데요.

하지만 조금만 더 살펴보면 현재 운영 중인 트램이 없을 뿐 우리나라에 트램이 존재하지 않았던 건 아닙니다. 무려 120여 년 전인 1899년 12월에 서울 서대문~청량리 사이에 처음 노면전차가 등장했는데요.

바로 노면전차가 트램의 다른 이름입니다. 당시 서울에 놓인 노면전차는 일본 교토^{1895년}에 이어 아시아에서는 두 번째로 개설된 전차라고 하는데요. 이후 사대문 안을 중심으로 노선이 여럿 연결됐고, 평양과 부산에도 건설됐습니다.

이러한 노면전차, 즉 트램의 원조를 '마차철도**Horsecar**'로 보기도 합니다. 마차철도는 말 그대로 말이 끄는 열차인데요. 레일 위의 열차를 말이 끌면서 승객과 짐을 실어 날랐다고 합니다. 1800년대 초반에 등장했지만 1880년대 전기를 이용한 트램이 도입되면서 사라지기 시작했습니다.

전기로 다니는 트램을 발명한 건 독일의 지멘스이지만 실용화는 1887년에 미국이 먼저 했다고 하는데요. 기존의 기차보다 건설비가 싸고 또 수송 능력도 뛰어나다는 장점 때문에 10여 년 동안 전 세계로 급속히 퍼져 나갔습니다.

그러나 이후 자동차가 대거 보급되고 버스도 등장하면서 트램이 설자리가 점점 좁아졌습니다. 도로 위로 다니는 트램이 승용차와 버스의 통행을 불편하게 한다는 지적이 나오기 시작한 건데요. 국내에서도 이러한 이유로 1968년 노면전차 운행이 전면 중단됩니다.

여기서 또 한 번의 반전이 있습니다. 급격히 증가한 자동차로 인해 교통 체증이 심해지고, 대기오염도 가중되면서 이를 해결할 방안을 각 나라가 고심하게 되는데요. 이때 다시 주목받은 게 바로 트램입니다.

1990년대 들어 다시 도입되기 시작해 현재는 전 세계 50여 개국에서 2,300여 개 노선이 운행되고 있는데요. 유럽과 미국, 호주 등이 대표적인 트램 운영 국가입니다.

트램은 동력 공급 방식에 따라 일반적으로 가선과 무가선으로 나뉘는데요. 길 위에 설치된 전차선을 통해 전기를 공급받는 방식이 가선입니다. 반면 무가선은 배터리를 이용해서 달리기 때문에 도로상에 전차선이 필요 없습니다.

미관상 무가선을 선호하는 경향이 강하지만 운행 노선이 길 경우에는 배터리 용량의 한계 때문에 무가선 도입이 쉽지는 않다고 합니다. 그래서 가선과 무가선 방식을 혼합하기도 합니다. 속도는 시속 20~30km대에서 70km대까지 다양합니다.

트램의 장점은 우선 지하철에 비해 건설비가 훨씬 저렴하고, 버스보다 수송 인원이 2~3배에 달한다는 겁니다. 차량을 몇 량 연결하느냐에 따라서 수송 인원은 가변적인데요. 트램은 열차와 달리 '량' 대신 '모듈'로 표현합니다.

트램은 저상차량이기 때문에 노약자나 장애인의 이용도 편리합니다. 또 전기나 배터리를 쓰기 때문에 배기가스를 거의 배출하지 않고, 여기에 수려한 디자인 덕분에 도시의 미관을 한층 개선하는 효과도 있는데요.

과거 서울 시내를 오갔던 노면전차

반면 트램을 건설하면 도로 용량이 줄어들기 때문에 자동차 운전자들의 반발을 살 가능성이 큽니다. 경로가 많이 겹치는 시내버스 노선을 어떻게 조정하느냐도 쉽지 않은 숙제입니다. 또 한 번 트램 선로를 놓게 되면 노선 변경이 사실상 어렵다는 단점도 지적됩니다.

"빠앙" 열차 출발할 때 울리는 까닭…
기적 소리에 담긴 뜻

"빠앙."

역에서 승객을 모두 태웠거나 화물을 다 싣고 출발하려는 열차는 2초가량 이런 기적소리를 한차례 냅니다. 준비가 다 돼서 이제 떠난다는 걸 기차역 관계자들과 승객에게 알리는 건데요. 이 같은 기적소리는 기관사가 임의로 내는 게 아니라 열차 운영사에서 마련한 '운전취급규정'에 따른 겁니다.

운전취급규정은 상위 규정인 국토교통부의 '철도차량운전규칙'에 근거해서 열차 운영사별로 만든다고 하는데요. 철도차량운전규칙에는 열차가 기적소리를 내는 때를 ① 위험을 경고하는 경우, ② 비상사태가 발생한 경우로 정해놓았습니다.

그런데 실제 열차를 운행하는 과정에서 적용하기에는 다소 모호해 보이는데요. 그래서 열차 운영사별로 기적소리를 사용하는 때를 보다 구체적으로 규정해놓고 있습니다. 코레일의 운전취급규정을 보면 상황별로 10여 가지 기적소리 패턴이 정리돼 있는데요. 기적 소리는 짧게 0.5초,

보통-2초. 길게-5초 등 세 가지 길이로 구성됩니다.

이 중 몇 가지만 알고 있어도 지금 열차가 어떤 상황인지, 어디쯤인지 알 수 있다고 합니다. 우선 열차가 역에 진입하기 전에는 "빠아앙" 하며 5초간 길게 기적소리를 한 차례 내는데요. 열차가 조금 있으면 도착할 거란 의미인 셈입니다.

철도 건널목에 진입하기 전에도 5초가량 기적소리를 한 번 울리는데요. 열차가 곧 지나갈 예정이니 건널목 주변의 행인과 차량은 특히 주의하라는 요청을 하는 겁니다. 간혹 열차가 "빵 빵 빵 빵" 하며 짧게 여러 번 기적소리를 크게 낼 때가 있습니다. 이는 열차가 운행 중인 철로 위에 사람이나 동물, 차량이 있는 걸 발견하고는 빨리 벗어나라는 경고를 보내는 겁니다.

또 터널, 교량, 곡선 등으로 앞쪽 선로의 확인이 어려운 지점 중에서 기적을 울릴 필요가 있는 곳에 기적 표지가 설치된 경우 기관사는 이를 확인하면 역시 기적을 울려야 합니다. 뒤쪽에 열차가 있다는 걸 알려주는 겁니다.

일부 철도 관련 홈페이지에서는 ① 열차가 멈추기 직전-짧게 한 번, ② 플랫폼 진입할 때-길게 한 번, ③ 열차가 달리기 전-길게 두 번, ④ 철도 건널목 진입 20초 전-짧게 4번 기적소리를 낸다고 소개하기도 하는데요.

이는 영미권 국가에서 일반적으로 통용되는 기적 패턴으로 국내에서 적용하는 규정과는 다르다는 게 코레일의 설명입니다. 일본을 통해 우리나라에 철도가 도입됐기 때문에 일본의 영향이 크다고 하네요.

열차에는 2개의 기적이 함께 설치됩니다. 큰 소리를 내는 고음 혼과 작지만 멀리 퍼지는 음을 내는 저음 혼이 그것인데요. 이 중 저음 혼은

지붕 위에 설치된 디젤기관차의 기적   출처 : 코레일

응급 상황이 아닌 관제 용도로 신호를 보낼 때 흔히 사용하기 때문에 '관
제 기적'이라고도 부릅니다.

열차에 설치하는 기적도 까다로운 성능 기준이 있는데요. KTX 등 고
속열차에 설치하는 기적은 작동 때 최댓값이 철도 차량의 전방 30m에서
100dB^{데시벨} 이상의 음향을 갖춰야 한다고 돼 있습니다. 100dB은 지하철
이 운행하는 소리나 콘크리트 벽에 망치질하는 소리 크기입니다.

지난 2021년 중앙선에서 첫선을 보인 KTX-이음은 성능 기준이 조금
다른데요. 5m 전방에서 120dB 이상의 음향을 갖춰야 합니다. 120dB은
귀에서 통증을 느낄 정도의 소음이라고 하네요. KTX 등 고속열차의 기
적은 동력차 앞에 설치되는데 내부에 있기 때문에 밖에서는 보이지 않습
니다. 반면 디젤기관차는 기관실 지붕 위에 달기 때문에 육안으로도 확
인이 가능합니다.

코레일의 경우 열차 기적은 위급 상황을 알리고 위험을 경고하는 중요한 기능을 하기 때문에 고장이 나서 기적을 사용할 수 없을 때는 동력차를 교체하도록 하고 있습니다. 또 동력차를 바꾸기 위해 가장 가까운 기차역까지 이동할 때는 속도를 크게 줄여 시속 30km로 달려야 합니다.

그런데 이렇게 소리가 큰 열차 기적을 인구 밀집 지역에서 자주 울린다면 아무래도 주민 생활에 지장을 줄 수밖에 없을 텐데요. 그래서 수도권 등 주택 밀집 지역에서는 가급적 고음 혼 사용을 자제한다고 합니다.

코레일 관계자는 "주택가 인근 등에서는 가능하면 기적 대신 무전 등으로 대체하고, 꼭 기적을 사용해야 할 때는 상대적으로 소리가 작은 관제 기적을 사용"하지만, "위급 상황에서는 고음 혼을 울린다"고 설명합니다.

KTX 창문 아래서 솔솔…
사시사철 내뿜는 이 바람의 정체

고속열차^{KTX}를 타서 창가 쪽에 앉으면 대형 유리창 바로 아랫부분에서 연신 바람이 나오는 걸 느낄 수 있습니다. 자세히 살펴보면 자동차 내부의 송풍구를 길게 늘어놓은 듯한 장치에서 나오는 바람인데요.

얼핏 자동차처럼 여름철 냉방과 겨울철 난방을 할 때만 주로 가동하는 장치로 생각할 수도 있을 것 같은데요. 실제로는 그렇지 않고, 이 장치는 사시사철 작동합니다. 열차 내 공기 질을 일정하게 조절하는 설비인 '공기조화장치'인데요.

열차는 기본적으로 외부에서 유입되는 공기와 실내 순환 공기를 혼합해서 객실에 공급합니다. 냉난방도 마찬가지입니다. 또 외부에서 새로 들어오는 공기만큼 실내 공기를 밖으로 빼낸다고 하는데요.

과거 객실 창문을 열 수 있는 열차에서는 사실 공기조화장치가 별로 필요 없었을 것 같습니다. 시내버스처럼 창문을 여는 것으로 상당 부분 환기를 대신할 수 있었을 테니 말입니다. 하지만 KTX나 ITX-새마을 같은 신형 기차들은 창문을 열 수 없는 밀폐 구조라서 과거 방식으로는 실내 공기 질을 유지할 수 없습니다.

그래서 공기조화장치가 꼭 필요한데요. 공기를 들여오고 내보내는 방식은 열차마다 조금씩 다릅니다. KTX는 공조장치가 열차 옆면 아래쪽에 설치돼 있고 외부 공기가 측면, 즉 옆에서 공급되는 구조입니다.

이 때문에 유리창 아래 송풍구에서 바람이 나오는 겁니다. 실내를 순환한 공기 중 일부는 열차 아랫부분으로 빼내는데요. 반면 ITX-새마을은 공조장치가 지붕에 달려 있습니다. 객실 상부에서 공기가 공급되고, 내부를 순환한 공기 역시 지붕을 통해서 외부로 배출됩니다.

이때 제어부에서 설정한 값과 객실 내에 설치된 CO_2 센서의 감지 값을 냉난방 배전반에서 비교해 결정 기준을 초과할 경우 외부 공기 유입과 실내 공기 배출을 통해 객실 내 CO_2 농도를 낮춘다는 게 코레일의 설명입니다.

여기서 궁금증이 하나 있습니다. 외부에서 들어오는 공기는 깨끗하게

KTX는 유리창 바로 아래서 바람이 나온다.

잘 걸러지는 걸까요? 코레일연구원 기술검증센터 관계자는 "공조장치에 적용하는 필터는 항균 성능이 90% 이상인 제품만 사용한다"며 "상당히 깨끗한 수준"이라고 설명합니다.

　또 가정용 공기청정기가 순환하는 실내 공기 속에 있는 바이러스를 필터로 거르는 수준이라면 열차 공조장치는 공기 중의 바이러스 자체를 아예 밖으로 빼내기 때문에 전체 구조상 더 유리하다고 합니다. 게다가 2019년 이후 계약한 차량은 별도의 공기청정기를 설치해 미세먼지 제거와 살균 기능까지 갖추도록 설계 기준을 강화했다고 합니다.

기관차가 따로 없는데도 더 빨리, 힘차게 달리는 '동력 분산식' 열차

열차가 달리는 방식은 크게 두 가지로 나뉩니다. 첫째는 엔진이나 모터를 탑재한 기관차가 뒤에 달린 객차를 끌고 달리는 '동력 집중식'이고, 둘째는 별도의 기관차 없이 모터를 객차 밑에 분산 배치해 주행하는 '동력 분산식'인데요.

고속열차 초기 모델인 KTX-1과 KTX-산천 등이 대표적인 동력 집중식 열차입니다. 반면 흔히 이용하는 지하철이나 ITX-새마을 등은 기관차가 없는 동력 분산식 열차입니다. 또 2021년 중앙선에서 첫 선을 보인 KTX-이음이 국내에선 최초의 동력 분산식 고속열차인데요.

6량 한 편성인 KTX-이음은 개발 및 제작 단계에서는 'EMU^{Electric Multiple Unit}-260'으로 불렸습니다. 현대로템이 국내 기술로 개발한 열차로 최고 시속이 260km에 달합니다. 일반 열차는 시속 150~180km대 정도입니다.

국제 기준으로는 시속 200km 이상이면 고속열차로 분류하지만, 국내에서는 시속 300km대의 KTX를 고려해 KTX-이음은 통상 준고속열차로 칭합니다. 현대로템이 우즈베키스탄에 수출하는 고속열차 역시 KTX-이음급입니다.

국내에서 시속 300km를 넘게 달리는 진정한 동력 분산식 고속열차는 2024년 코레일에 도입된 KTX-청룡입니다. 최고 속도가 시속 320km에 달하며 8량 한 편성으로 구성됩니다. 코레일과 현대로템에 따르면 동력 분산식은 무엇보다 가감속 능력이 뛰어나 출발하거나 멈출 때 걸리는 시간이 상대적으로 짧다는 게 장점입니다.

또 동력차가 따로 없기 때문에 열차 전체에 승객을 태울 수 있어 공간 활용도가 높습니다. 게다가 동력이 여러 곳에 나뉘어 있기 때문에 한두 곳의 동력이 고장 나도 나머지를 가동해 인근 역까지 비상 운행이 가능합니다. 반면 KTX-1이나 KTX-산천은 동력부에서 고장이 나면 다른 열차가 와서 견인하기 전에는 이동이 불가능합니다.

이러한 장점 때문인지 전 세계적으로도 고속열차의 대세는 동력 분산식입니다. 일본과 독일, 그리고 중국이 대표적인데요. 세계 고속열차의 70% 이상이 동력 분산식이라는 통계도 있습니다. 이와 달리 우리나라가 동력 집중식을 택한 건 처음에 고속철도 기술을 프랑스에서 들여왔기 때문인데요. 프랑스는 대표적인 동력 집중식 고속열차인 테제베TGV 개발 국가입니다.

그러나 최근엔 정부에서도 세계적 흐름과 수출 가능성 등을 염두에 두고 차기 고속열차는 동력 분산식으로 대체하겠다는 방침입니다. 그래서 코레일과 SR도 추가로 도입할 고속열차를 KTX-청룡 같은 동력 분산식으로 발주해 현대로템이 제작 중입니다. 앞서 2013년 시험 운행에서 시속 421km를 기록한 고속열차 '해무HEMU-430X'도 동력 분산식입니다.

물론 동력 분산식도 단점은 여러 개가 있습니다. 무엇보다 동력을 소

동력 분산식 준고속열차인 KTX-이음　　　　　　　　　　출처 : 코레일

형화해서 여러 곳에 분산 배치하는 탓에 제작 비용이 동력 집중식에 비해 많이 들어 가격이 비싸다는 겁니다. 또 객차 밑에 모터가 있기 때문에 진동과 소음이 다소 크다는 지적도 나옵니다. 하지만 앞으로 기술이 더 개발되면 이러한 단점은 많이 해소될 것으로 기대합니다.

40도 땡볕에 KTX도 더위 먹나…
열차 속도 늦추는 진짜 속사정

2025년 여름, 극한 폭우로 인해 KTX는 물론 ITX-새마을과 ITX-마음 등 일반열차의 운행이 모두 중지된 구간이 많았는데요. 이례적으로 많은 비 탓에 선로 주변이 잠긴 데다 노반과 경사면 붕괴 위험 등을 우려해서 였습니다.

이러한 극한 폭우가 지나고 나서는 폭염이 열차의 발목을 잡았는데 요. 연일 섭씨 40도에 육박하는 무더위가 기승을 부리면 열차의 운행 속 도도 떨어지게 됩니다. 흔히 "열차도 더위를 먹나" 싶겠지만 실제로는 열차 자체의 문제보다는 선로, 즉 레일 때문입니다.

철로 만든 레일은 높은 온도와 땡볕에 장시간 노출되면 팽창하면서 휘거나 솟아오르기도 하는데요. 이를 '장출張出, track deformation'이라고 부릅 니다. 장출은 여름철에 열차 탈선을 일으키는 주범으로도 꼽히는데요.

장출 탓에 선로가 변형된 걸 모르고 평소대로 달리다간 탈선 등 아찔 한 사고로 이어질 가능성이 크기 때문입니다. 2022년 7월 대전조차장역 에서 발생한 SRT수서고속열차 탈선도 이 때문이라는 추정입니다.

코레일 등 열차 운영기관이 폭염 때 레일 온도에 따른 감속 규정을 만들어놓은 것도 이런 이유에서인데요. 이에 따르면 레일 온도가 일정 기준을 넘어서면 속도를 늦추거나 아예 운행을 중지할 수도 있습니다.

이러다 보니 당초 예정 시각보다 늦게 출발하거나 도착하게 되는 건데요. 세부적으로 보면 고속선로가 아닌 일반선로의 경우 레일 온도가 섭씨 64도를 넘으면 운행을 중지합니다. 섭씨 60도 이상 64도 미만일 때는 시속 60km 이하로 낮춰서 운행해야 합니다.

KTX 등 고속열차가 다니는 고속선은 선로가 자갈도상인지, 콘크리트도상인지에 따라서 두 가지 기준으로 나뉘는데요. 침목 위에 자갈이 덮여 있는 자갈도상의 경우 일반선처럼 레일 온도가 섭씨 64도 이상이면 운행을 멈춥니다.

또 섭씨 60도 이상 64도 미만이면 시속 70km 이하로, 섭씨 55도 이상 60도 미만인 때는 시속 230km 이하로 달려야 합니다. 반면 자갈 대신 콘크리트가 타설돼 있는 콘크리트도상은 감속하는 레일 온도 기준이 조금 더 높은데요.

자갈도상보다 10도 더 높은 섭씨 74도 이상이 되면 운행이 중지됩니다. 또 섭씨 70도 이상 74도 미만이면 시속 70km 이하로, 섭씨 68도 이상 70도 미만일 때는 시속 170km로 이하로 주행하는데요. 섭씨 65도 이상 68도 미만이면 시속 230km 이하로 달립니다.

코레일 관계자는 "콘크리트도상이 레일 온도 상승 때 선로가 휘지 않도록 막아주는 도상 저항력 면에서 자갈도상보다 크기 때문에 폭염 서행 기준이 다르다"고 설명합니다. 그렇다면 레일 온도는 어떻게 측정할까요? 코레일에 따르면 전국 주요 선로에 설치된 340여 개의 레일 온도 측정장치에서 보내오는 정보를 통해서 확인한다고 하네요.

열차 속도를 줄여서 운행하는 게 폭염 대책의 전부는 아닙니다. 전국 철도의 유지보수를 담당하는 코레일은 낮 시간대 실시간 레일 온도에 따라 전국 450여 곳에서 자동 살수장치로 선로에 물을 뿌리는 등 온도를 낮추고 있습니다.

또 야간에는 선로 상태를 꼼꼼히 살피고 보강하는 작업도 벌이는데요. 열차 진입을 통제한 뒤 현장에 선로를 다지는 유지보수 장비인 '멀티플 타이템퍼' 등을 투입해서 궤도의 높낮이를 조정하고, 자갈 저항력을 강화하는 등 불볕더위에도 최대한 선로 변형이 없도록 하는 겁니다.

이처럼 폭염 속에 안전한 열차 운행을 위한 노력이 밤낮없이 이어지지만, 열차 서행을 모두 막을 수는 없습니다. 불볕더위에 열차가 속도를 늦춰 달리면서 출발과 도착 시각이 다소 늦어지더라도 안전을 위해 불가피하다는 점을 이해하는 게 필요해 보입니다.

폭염에 레일 온도를 낮추기 위해 물을 뿌리는 자동 살수장치　　　출처 : 코레일

싱크대에 세탁기까지 다 있다…
가정집 뺨치는 파란열차의 정체

철길에 깔려 있는 자갈이 마모되면 궤도의 뒤틀림을 잡아주는 저항력이 약해지는 등 열차 운행에 지장을 줄 수도 있습니다. 그래서 일정 정도 이상 자갈이 마모되면 아예 새로 바꿔주게 되는데요.

이를 흔히 '자갈치기'라고 합니다. 마모가 덜한 자갈은 골라내서 재사용하고, 부족한 자갈은 다시 채워 넣는 작업인데요. 열차가 다니는 중에는 이 작업을 하기 어렵기 때문에 주로 열차 운행이 끝난 심야에 작업하게 됩니다.

여기에는 유지 보수용 특수기차인 보선 장비가 동원되는데요. 철길에 있는 자갈을 끌어올려 규격에 맞는 자갈을 골라내고 나머지 자갈과 토사는 따로 배출하는 장비인 '밸러스트 클리너**Ballast Cleaner**'가 대표적입니다.

사용할 수 없는 자갈과 토사 등을 싣는 '호퍼카', 궤도의 비틀림이나 휘어짐 등을 잡고 주변을 다져주는 '멀티플 타이탬퍼**Multiple Tie Tamper, MTT**, 강한 진동을 가해 도상을 다지는 '궤도 안정기' 등도 빼놓을 수 없습니다.

이렇게 다양한 장비를 사용한다 해도 현장에서 작업을 이끌고 진행하는 건 역시나 선로 유지보수원들인데요. 심야에 작업하는 것도 힘들지만, 철도의 특성상 도심지역을 벗어나면 인적이 드문 곳이 많아 잠시 쉴 장소도 마땅치 않다고 합니다.

이들을 위해서 보선 장비에 붙어서 운영하는 특수열차가 바로 '침식차'입니다. 말 그대로 풀이하면 잠도 자고 식사도 가능한 열차라는 의미인데요. 실제로 침식차에는 사무실, 휴게실은 물론 샤워실과 세탁기, 건조기도 갖춰져 있습니다.

또 간단한 취식이 가능하도록 냉장고와 싱크대도 설치되어 있는데요. 코레일 관계자는 "선로 유지보수원들은 침식차로 작업 현장까지 이동하며, 작업 전후로 휴식을 취하고 씻기도 한다"라고 설명합니다.

코레일이 보유한 침식차는 60여 량으로 파란색 페인트가 칠해진 외관이 눈에 띕니다. 무게는 약 45t이며 길이는 24m, 높이는 3.75m가량 되는데요. 그야말로 움직이는 업무 겸 휴식 열차인 셈입니다.

침식차가 선로 유지보수 작업과는 별개로 주목받았던 적이 있었습니다. 2018년 11월 30일에 출발한 남북철도 공동조사 열차인데요. 북한의 경의선과 동해선 철도 상황을 조사하기 위한 목적이었습니다.

18일간 약 2,600km를 달려야 하다 보니 기관차에 유조차, 발전차까지 연결했고 조사단원들의 숙식을 해결하기 위해 침대차와 침식차를 붙였는데요. 당시 주방과 샤워실까지 갖춘 침식차가 눈길을 끈 겁니다. 침대차는 조사단을 위해 별도로 개조한 열차라고 합니다.

일반에 잘 알려지지 않은 특수열차 중에 병원열차도 있었습니다. 코레일이 아닌 국방부 소유의 열차였는데요. 대개 3주 이상 요양이 필요한 장병들을 후방병원으로 이송하는 역할을 했습니다. 열차 안에는 진료실과 병상, 휴게실이 설치되어 있고 산소 공급기와 심장제세동기 등 여러

야간작업 때 보수원들이 쉴 수 있는 침식차 　　　　　　　　　　　　　　　출처 : 코레일

침식차에는 휴게실과 탕비실, 세탁실 등이 있다. 　　　　　　　　　　　　　출처 : 코레일

의료 장비도 갖추고 있었다고 합니다. 그래서 응급처치나 간단한 외과 수술도 가능했다는 설명입니다.

병원열차는 6·25전쟁 중이던 1950년 12월에 처음 운행을 시작했으며, 1969년에 열차를 교체한 데 이어 지난 1999년에 무궁화호 열차를 개조해서 운영했는데요. 군 전용 병원열차는 세계적으로도 유례를 찾기 힘들다고 합니다.

2015년 메르스중동호흡기증후군 사태 때 병원열차가 큰 역할을 한 것으로 전해지는데요. 당시 정부가 국군대전병원을 메르스 전담병원으로 지정하자 이틀이라는 짧은 시간 안에 입원환자들을 대구·부산병원으로 긴급 후송해 메르스 대처에 기여했다는 겁니다. 하지만 이제 병원열차는 아쉽게도 볼 수 없게 됐습니다. 2024년 초에 폐차 처리됐다고 하네요.

내가 낸 전철 요금 어떻게 배분할까…
'年 1,000억 정산'의 경제학

서울 등 수도권에서 전철, 지하철, 버스 등을 이용하면 4회까지 환승이 가능합니다. 승객은 지하철이나 버스를 탈 때 기본요금을 한 차례 내고 하차할 때 이동 거리에 따른 추가 요금만 부담하면 되는데요.

서울의 경우 지하철 기본요금은 1,550원**교통카드 기준**, 시내버스는 1,500원입니다. 또 기본거리**10km**를 넘어서면 10~50km 이내는 5km마다 100원씩 추가됩니다.

지난 2004년 수도권통합환승할인제도가 도입되기 전에는 전철과 버스를 갈아탈 때마다 각각 요금을 내야 했는데요. 승객 입장에서는 통합환승할인제도가 교통비 절감에 상당히 유용한 게 사실입니다. 게다가 타고 내릴 때 교통카드로 한 번씩만 버스 요금 단말기나 지하철 개찰구에 태그하면 알아서 요금이 정산되니 더 편리할 수밖에 없는데요.

여기서 궁금증이 하나 생깁니다. 승객이 낸 요금을 버스와 철도회사들이 어떻게 나눠 가질까 하는 겁니다. 우선 환승 없이 버스나 지하철을 한 번만 탔다면 그 구간을 운행하는 버스회사나 철도회사가 요금을 다

받으면 될 겁니다.

　그런데 승객이 버스와 전철을 여러 번 갈아탔다면 어떨까요. 여기서
부터 문제가 복잡해지는데요. 이를 이해하려면 먼저 '연락운송連絡運送'이
라는 개념부터 알아야 합니다. 연락운송은 한 번의 승하차로 두 개 이상
의 기관이 운영하는 노선을 연결해서 이용할 수 있는 것을 의미하는데
요. 쉽게 말하면 현재 같은 환승 시스템입니다.

　이 같은 연락운송에 지불한 운임을 '연락운임連絡運賃', 그리고 연락운임
을 두 개 이상의 운영기관이 나눠 가지는 절차를 '연락운임 정산'이라고
합니다.

　연락운임 정산은 복잡합니다. 우선 버스와 철도 사이에 발생한 환승
에 대해서는 매일 정산이 이뤄집니다. 승객이 낸 요금을 각각 버스와 철

승객이 낸 요금은 철도 운영사와 버스회사가 나눠 갖는다.

도의 기본요금 비율만큼 나누는 건데요. 지하철을 오래 타고 버스를 잠깐 탔다고 해도 이 방식은 그대로 적용된다고 합니다.

이렇게 버스와 정산하고 남은 수입에 전철로 환승하면서 낸 요금을 더해서 철도 운영기관들이 나누게 되는데요. 처음 연락운임 정산을 시작한 건 1974년입니다. 서울지하철 1호선이 개통하면서 철도청^{현 코레일}과 서울교통공사 간에 요금을 배분한 건데요.

서울지하철 1호선은 서울역~청량리역 구간은 서울교통공사, 나머지 구간은 철도청 소관이었습니다. 승객이 두 구간을 섞어서 이동하게 되면서 요금을 나눌 필요성이 생긴 겁니다. 당시는 두 기관이 협의를 통해 배분액을 정했다고 하는데요.

하지만 최근에는 합의 자체가 쉽지 않습니다. 수도권만 해도 철도 운영기관이 10개가 넘기 때문인데요. 공기업과 민자 철도회사들이 섞여 있습니다. 공항철도, 서울교통공사, 서울시 메트로9호선, 신분당선, 용인경량전철, 우이신설경전철, 의정부경량전철, 인천교통공사, 코레일에 경기철도와 김포골드라인 등이 포함됩니다.

숫자도 숫자지만 연락운임 정산에 대한 세부적인 기준이 없는 것도 이유인데요. 현행 도시철도법에는 당사자 간 협의로 정하고, 정 안 되면 국토부 장관이 정한다고 되어 있습니다. 사실 명확한 기준을 세우기도 어렵다는 게 철도업계의 얘기입니다.

무엇보다 승객의 이동 경로 파악이 불가능하기 때문입니다. 교통카드를 이용하면 승차 지점과 하차 지점은 알 수 있지만, 그 사이에 어떤 경로로 이동했는지는 알기 어렵습니다. 예를 들어 서울역에서 금정역까지 이동한 승객이 있을 경우 경로는 두 가지가 나옵니다. 국철 1호선을 타고 금정역을 가거나 서울지하철 4호선을 이용하는 건데요.

국철 1호선을 탔다면 서울역~금정역은 모두 코레일 구간이기 때문에 요금을 코레일이 대부분 받으면 됩니다. 무조건 100%가 아닌 이유는 승객이 4호선 개찰구를 통해 들어왔다면 기본요금의 10%는 서울교통공사에 줘야 하기 때문입니다. 개찰 비용 명목입니다.

만일 4호선을 이용했다면 서울역~남태령역은 서울교통공사 구간이고, 나머지는 코레일 구간이어서 둘이 요금을 나눠야 하는데요. 문제는 승객이 둘 중 어떤 경로를 택했는지 알 수 없다는 겁니다. 일일이 승객에게 물어볼 수도 없는 일이니까요.

이런 상황은 수시로 발생하게 됩니다. 그나마 민자 철도는 환승 게이트를 설치한 덕에 환승객 규모를 따로 파악할 수 있습니다. 이러면 요금 배분 때 좀 더 명확한 근거를 제시할 수 있는데요. 그러나 환승을 했다고 하더라도 어느 정도 비중을 인정해줘야 할지가 또 쟁점이 됩니다. 민자철도 이용거리는 짧고, 다른 철도의 탑승 구간이 길 경우 배분 비율이 문제가 되는 겁니다.

이처럼 기준도 불명확하고 논란거리도 많다 보니 철도 운영기관들 사이의 연락요금 정산은 3~4년에 한 번 정도씩 이뤄지고 있습니다. 그사이 승객이 지불한 요금은 처음 교통카드를 찍고 들어간 개찰구의 관할기관이 보관하고 있는데요. 아무래도 서울 시내의 승객이 많은 만큼 서울교통공사가 보관 중인 돈이 가장 많습니다.

각 기관이 주고받는 정산 금액은 한해 1,000억 원을 훌쩍 넘는다고 하는데요. 각 기관이 협의도 하고, 정산을 위한 공동용역을 하기도 하지만 매번 합의를 보기가 쉽지는 않습니다. 때론 연락운임 정산을 놓고 기관 간에 의견충돌이 일어나 소송전이 벌어지기도 합니다.

이처럼 늘 논란이 되다 보니 지난 2021년 국토교통부 대도시권광역

교통위원회가 철도 운영기관들과 '수도권 철도기관 연락운임 정산을 위한 협약'을 맺었습니다. 연락운임 정산 규칙 마련 등을 위한 공동용역을 실시하고, 그 결과를 바탕으로 지속 가능한 정산 체계를 만들겠다는 내용인데요. 이 협약이 당초 계획대로만 잘 진행된다면 연락운임 정산도 한결 수월해질 듯싶습니다.

北 '철도기동 미사일연대'의 기원…
美 남북전쟁 때 '열차 포(砲)'

북한이 지난 2022년 열차에서 '북한판 이스칸데르'로 불리는 KN-23 단거리 탄도미사일을 쐈습니다. 북한은 이 부대를 '철도기동 미사일연대'라고 호칭했는데요. 당시 북한이 공개한 조선중앙TV 영상을 보면 열차는 3량짜리로 기관차와 TEL^{이동식 차량발사대}, 그리고 통제실로 구성된 것으로 추정됩니다.

　이 열차 미사일을 일반 열차처럼 위장해서 운용하면 탐지하기 쉽지 않을 거란 분석이 나오는데요. 사실 열차 미사일은 옛 소련이 개발해 실전 배치했던 핵 열차 '몰로데츠'가 먼저입니다. 소련은 3기씩의 ICBM^{대륙간탄도미사일}을 실은 12대의 핵 열차를 1987년부터 실전 배치해 1990년대 초반까지 운용한 거로 알려져 있습니다.

　다른 발사 시스템보다 뛰어난 기동성과 은폐성을 활용한 건데요. 하지만 베를린 장벽이 무너지고 냉전이 종식되면서 2003~2008년 사이 모두 폐기됐다고 합니다. 2010년대 후반 러시아가 핵 열차를 다시 개발한다는 소식이 들렸지만, 경제난 등으로 중단했다는 보도도 있었습니다.

과거 소련과 치열한 군비경쟁을 했던 미국도 1980년대부터 지상 배치형 핵미사일을 열차에 실어 전국 각지에 숨기는 계획을 추진했으나, 예산 부족에 시달린 데다 1990년대 초 소련 붕괴 등의 영향으로 중단했다고 전해지는데요.

여기서 궁금증이 하나 생깁니다. 열차를 단순한 수송 수단이 아니라 대포 등을 탑재해 공격 무기로 활용하기 시작한 건 언제부터일까요? 여러 의견이 있지만 1860년대 초반 미국 남북전쟁 때 처음 '열차 포砲, Railway gun, Railroad gun'가 등장했다는 게 정설로 여겨집니다.

당시 남군이 함포를 덮개가 없는 화차無蓋貨車에 적재해서 사용했다고 하는데요. 단순히 대포를 옮기던 수송 수단에서 대포를 장착한 열차 포로 변신한 순간입니다. 이에 북군도 열차 포를 고안해 맞섰다고 합니다.

이후 열차 포의 개념은 유럽으로도 전해져 제1차 세계대전 당시 미국은 물론 독일과 프랑스, 영국 등이 거대한 열차 포를 제작해 속속 전선에 투입했습니다. 사정거리가 길고 대형 포탄을 사용하는 함포를 개조해서 탑재한 이 열차 포는 그야말로 막강한 화력을 선보였다고 하는데요. 당시 공군력이 빈약해 장거리 폭격전을 펼치기 어려웠던 점이 열차 포의 존재감을 더 높여줬다는 분석도 있습니다.

제2차 세계대전에도 적지 않은 열차 포가 동원됐지만, 그 위력은 상당히 반감됐다는 평가인데요. 무엇보다 폭격기 성능이 좋아지면서 열차 포보다 훨씬 먼 장거리 타격이 가능해졌기 때문입니다. 또 열차 포는 철길이 온전한 곳에서만 활용 가능한데, 상대편 공군의 철도 폭격 등으로 인해 기동성이 현저히 떨어질 수밖에 없었다는 설명입니다.

열차 포 사상 가장 거대하고 유명한 독일의 '구스타프 포'가 등장한 건 1940년대 초반인데요. 800mm에 달하는 엄청난 구경에다 무게만

1,350t에 달하는 어마어마한 덩치였습니다. 웬만한 성인보다 큰 포탄을 수십 km씩 날릴 수 있는 위력을 자랑했지만, 너무 큰 덩치 탓에 활용도는 상당히 낮았다고 하는데요.

알려진 바에 따르면 이 포를 작전지역에 배치하려면 포를 분해해서 수십 량의 열차에 나눠서 옮겨야 했습니다. 또 목적지에 도착해서 포를 사격대형으로 정렬하려면 진지를 구축하고 별도의 철도를 더 깐 뒤 조립해야 했는데요. 이 기간만 대략 한 달 이상 걸린 데다 250여 명의 대포 운용병력 외에 시설 구축을 위해 2,000명이 넘는 인원이 추가로 필요할 정도였습니다.

이 때문에 구스타프 포가 실전에서 활약한 건 1942년에 벌어진 세바스토폴 전투밖에 없었다고 전해집니다. 공군력의 비약적인 발전과 다양한 무기의 등장으로 제2차 세계대전을 끝으로 이들 열차 포는 사실상 사라지게 됐습니다.

이후 대포 대신 탄도미사일을 장착한 러시아의 핵 열차가 명맥을 유지했고, 최근엔 북한의 열차 미사일이 이를 이어받았다고 할 수 있는데요. 그렇다면 북한의 열차 미사일은 얼마나 위력적일까요?

우선 북한이 열차 미사일을 개발한 건 내부적으로 도로보다 철도 사정이 상대적으로 낫기 때문이라는 분석입니다. 2021년 기준으로 북한의 철도는 총연장이 5,300km가량으로 4,000km대 후반인 우리보다 깁니다. 전철화율도 80%대로 높은 편입니다.

이러한 철도망을 잘 활용해 은밀하게 장거리를 이동하면서 미사일 공격을 가한다면 대단히 위협적일 수밖에 없을 겁니다. 그러나 북한의 낡고 부실한 철도 상황이 장애물이란 지적도 나옵니다. 북한은 노후한 철도 시설 때문에 여객열차의 속도가 시속 30km대에 불과한 데다 고위층

이 탄 특별열차도 시속 40km대 그칠 정도라고 하는데요.

이 같은 상황은 2018년 실시된 남북철도 공동조사에서도 여실히 확인됐습니다. 당시 조사에 참여했던 한 전문가는 "철로가 너무 낡은 데다 특히 교량 상태는 심하게 부실해서 무사히 조사를 마칠 수 있을까 하는 걱정이 들 정도였다"고 말합니다. 북한 열차 미사일의 운용 범위가 상당히 제한적일 거란 분석이 나오는 이유입니다.

북한·대륙철도 전문가인 안병민 전 한국교통연구원 선임연구위원은 "기관차와 화차의 자체 무게에다 발사대, 미사일 무게 등을 합치면 중량이 상당할 것"이라며 "북한의 철도가 이 무게를 견디기 쉽지 않아 보인다"고 말합니다.

3량 한 편성을 기준으로 따지면 총중량이 200t 안팎일 거란 추정입니다. 참고로 러시아가 운영했던 핵 열차에 실린 미사일은 한 발당 무게가 100t이었다고 합니다. 80%에 달하는 전철화율이 말해주듯 곳곳에 깔린 전차선도 문제로 지적됩니다. 발사대를 세우고 미사일을 쏘려면 전차선이 걸림돌이 될 수밖에 없기 때문인데요.

실제로 북한에서 시험발사 때 주변 전차선을 상당수 제거했던 것으로 전해집니다. 다른 열차의 운행에는 막대한 차질이 빚어질 수밖에 없는 셈인데요. 이렇게 보면 북한 열차 미사일의 폭넓은 운용은 쉽지 않아 보입니다. 하지만 부지불식 간에 선제공격을 해온다는 측면에서 보면 여전히 경계 대상임은 분명합니다.

"이번 정차역은 신한카드역입니다" 이런 안내방송, 얼마면 돼?

"이번 정차역은 을지로3가, 신한카드역입니다."

서울지하철 2호선이나 3호선 전동차를 타고 을지로3가역에 도착할 때쯤이면 차내에서 이런 안내방송이 나옵니다. 영어 등 외국어 안내방송도 같은 내용인데요. 원래 역명인 '을지로3가'에 '신한카드'라는 이름이 함께 붙어 있는 겁니다.

인근 을지로입구역2호선과 명동역4호선도 안내방송에 각각 '하나은행'과 '우리금융타운'이 본래 역명과 함께 등장합니다. 주위를 보면 안내방송뿐 아니라 역 출입구와 폴사인, 승강장 역명판, 그리고 각종 노선도 등에도 이름이 같이 쓰여 있습니다.

이를 철도업계에서는 '역명병기驛名竝記' 또는 '역명부기驛名附記'라고 부릅니다. 본래 역 이름에 다른 명칭을 부가적으로 함께 적는다는 의미인데요. 역명병기는 1988년 철도청현 코레일에서 처음 시작한 것으로 알려져 있습니다.

역 주변 공공기관이나 대학, 명소 등 유명 시설의 명칭을 함께 넣어주는 것으로 19개 역에서 시행했다고 하는데요. 무료로 넣어주는 데다 홍보 효과가 크다 보니 경쟁이 너무 심해진 탓에 2003년에 폐지했다고 합니다.

그러다 2005년부터 광역철도역을 중심으로 돈을 받고 이름을 함께 넣어주는 '유상 역명병기' 사업을 시작했는데요. 서울과 부산, 대구, 인천, 대전 등의 도시철도 운영기관도 같은 제도를 운용하고 있습니다.

지하철 1~8호선 전체와 9호선 일부를 운영하는 서울교통공사가 유상 역명병기 사업을 시작한 건 2016년이었는데요. 이후 제도를 운용하지 않다가 2021년 7월부터 수익 확보를 위해 재개했다고 합니다.

2025년 11월 기준으로 서울교통공사가 사용료를 받고 역명병기를 하는 곳은 을지로3가 등 모두 41개 역입니다(환승역은 1개 역으로 계산). 2호선이 12개 역으로 가장 많고, 7호선도 10개나 됩니다. 역명병기를 할 기관은 공개입찰을 통해서 결정하며 계약 기간은 통상 3년입니다.

계약 금액이 가장 많은 곳은 2호선 강남역에 등장하는 '루플란트 치과

을지로입구역 표지판에 하나은행이 함께 적혀 있다.

의원'입니다. 2024년 10월부터 시작해 2027년 10월까지 역명병기를 하게 되는데요. 계약 금액이 역대 최대인 11억 1,100만 원에 달합니다.

2위는 을지로3가역의 '신한카드**8억 9,200만 원**', 3위는 을지로입구역의 '하나은행**8억 800만 원**'입니다. 서울교통공사 관계자는 "역명병기를 하게 되면 해당 역 주변의 여러 회사나 기관, 시설 가운데 대표성을 갖게 되고 홍보 효과도 커지기 때문에 관심도가 높은 것 같다"고 설명합니다. 그러나 역명병기는 금액만 많이 써낸다고 되는 건 아닙니다. 제법 까다로운 조건이 있는데요. 서울교통공사의 경우 역명병기 입찰에 참여하려면 기업이나 기관이 해당 역으로부터 500m 이내에 있어야 합니다. 만약 구간 내에 적절한 곳이 없으면 1km로 확대하는데요.

최고가 입찰방식이지만 여러 기관이 입찰해서 응찰 금액이 동일하면 '공익기관 ⇨ 학교 ⇨ 병원 ⇨ 기업체 ⇨ 다중 이용 시설' 등으로 우선순위가 적용됩니다. 최종 낙찰자는 공사의 역명병기 심의위원회를 거쳐서 확정됩니다.

여기에 조건이 하나 더 있습니다. 미풍양속을 저해하거나 지역주민의 반대 등 사회적 갈등을 유발할 우려가 있는 기관은 제외한다는 건데요. 여러 이유로 구설에 오른 곳은 앞선 조건을 모두 충족해도 역명병기 대상이 되기 어렵다는 얘기입니다. 코레일과 대구, 대전, 부산, 인천의 교통공사도 거의 비슷한 기준을 갖고 있다고 합니다.

그렇다면 현재 역명병기를 하는 곳은 모두 사용료를 받는 걸까요? 의외로 무상으로 역명병기를 하는 곳도 적지 않습니다. 예를 들어 2호선 서울대입구역에는 '관악구청', 2호선 삼성역에는 '무역센터', 5호선 충정로역에는 '경기대입구' 등의 명칭이 병기되어 있습니다.

이들 역은 지하철 개통 초기나 오래전부터 이름을 무료로 함께 넣었던 곳으로 그 역사가 오래됐고, 상징성이 있기 때문에 현재도 유지되고 있다는 게 서울교통공사의 설명입니다. 4호선 성신여대입구역과 숙대입구역은 1985년부터 '돈암'과 '갈월'이라는 명칭을 함께 써왔습니다.

무상 역명병기는 2015년부터 원칙적으로 폐지됐으며, 예외적으로 서울시의 지명관리위원회에서 심사를 통해서 허용됩니다. 2019년 낙성대역에 '강감찬'이 병기되고, 동대문역사공원역에 'DDP'가 나란히 쓰인 것이 대표적인 사례입니다.

그런데 무상이라고 해서 전부 다 공짜인 건 아닙니다. 연간 사용료는 받지 않지만 사인 폴과 역 출입구, 승강장 역명판, 노선도, 안내방송 등에 이름을 병기하는 데 소요되는 비용은 해당 기관이나 시설이 부담해야 합니다.

서울~부산 20분 주파 진공열차, 아직은 실험실 수준

'비행기보다 빠른 기차'

차세대 교통수단 중 하나로 주목받는 '하이퍼루프Hyperloop'에 붙은 별칭입니다. 하이퍼루프는 기술적으로는 상당히 복잡하지만, 단순화하면 진공상태인 튜브 안에서 살짝 띄워진 밀폐형 캡슐차량이 음속시속 1,280km에 가까운 속도로 달리는 시스템인데요.

참고로 국내에서는 '하이퍼튜브Hypertube'란 명칭을 주로 사용합니다. 테슬라 창업자인 일론 머스크가 2013년 하이퍼루프 관련 아이디어를 제안하면서 세계적으로 관심을 모았습니다. 그가 제시한 하이퍼루프는 미국 서해안 도시를 빠르게 연결하기 위한 취지였다고 하는데요.

28인승의 밀폐형 캡슐이 튜브 안에서 뜬 채로 시속 1,280km로 주행하는 개념으로 샌프란시스코에서 로스앤젤레스 구간을 30분 만에 주파 가능하다는 얘기였습니다. 이 구간의 길이는 약 613km로 사동차로 달리면 5시간 30분, 비행기로도 1시간 정도 소요됩니다.

일론 머스크는 하이퍼루프를 제안하면서 이상적인 교통수단의 조건도 함께 꼽았는데요. 다른 교통수단보다 ① 더 안전하고, ② 더 빠르고, ③ 비용이 더 저렴하고, ④ 더 편리하며, ⑤ 날씨와 상관없이 운행할 수 있고, ⑥ 지진에 대한 내구성을 지녀야 한다 등이었습니다.

그는 해당 구간의 하이퍼루프 건설비로 60억~100억 달러**8조 4,000억~14조 원**를 예상했는데요. 이는 당시 미국 정부가 추진한 '샌프란시스코~로스앤젤레스 고속철도' 건설비**1,000억 달러**의 10% 수준에 불과합니다.

사실 하이퍼루프처럼 거의 진공 상태인 튜브 환경에서 차량의 공기 저항을 줄여 초고속 주행이 가능하게 하는 교통 시스템에 대한 아이디어는 오래전부터 존재했는데요. 1799년 영국의 공학자인 조지 메드허스트가 진공열차**Vactrain** 개념을 가장 먼저 제안했다고 알려져 있습니다. 압축 공기를 이용, 강철관을 통해 물건을 빠르게 이동시키는 시스템을 생각해 낸 겁니다.

또 미국의 유명한 로켓과학자인 로버트 고다드는 1909년 보스턴과 뉴욕을 12분 만에 주파할 수 있는 기차를 제안했는데요. 비록 실제로 구현되지는 않았지만, 이 아이디어 안에는 자기부상열차, 진공 튜브 같은 하이퍼루프의 개념들이 포함돼 있다는 평가가 있습니다.

1970년대에는 미국에서 진공 터널 안에서 대형 터빈을 돌려 빠른 속도로 달리는 진공열차**Vacuum Train** 아이디어도 나왔습니다. 2000년대 초에는 튜브에 매달려서 이동하는 현수식 자기 부상 하이퍼루프인 'ET3'가 설계되기도 했고요.

일론 머스크는 하이퍼루프를 제안하면서 "지금부터 7~10년 정도면 완성할 수 있을 것"이라고 예상했습니다. 하지만 현재까지 이뤄진 실험들은 목표 속도인 시속 1,200km대에는 아직 거리가 먼 상황인데요.

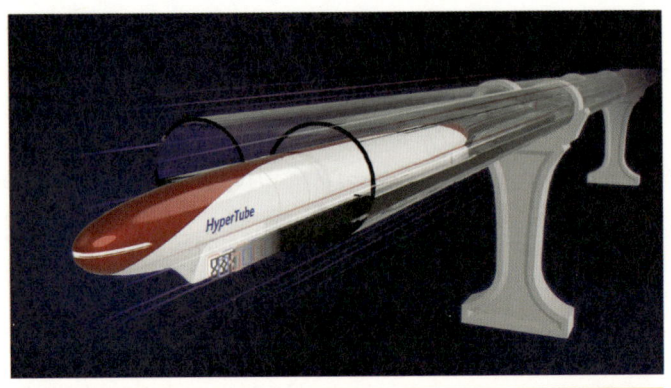

초음속 진공열차인 하이퍼튜브 개념도　　　　　출처 : 국토교통부

　하이퍼튜브를 개발 중인 한국철도기술연구원철기연에 따르면 2017년 8월 버진하이퍼루프원이 사람이 들어갈 수 있는 실제 크기의 테스트 열차로 450m 구간을 시속 309km로 달리는 데 성공했고, 2020년 11월에는 직원 2명이 탑승하는 첫 유인 시험에서 시속 172km를 기록한 정도입니다. 국내에서는 철기연이 2020년 독자 개발한 축소형 하이퍼튜브 시험장치를 이용해 세계 최초로 0.001기압에서 시속 1,019km를 주행하는 데 성공한 바 있는데요.

　하이퍼튜브를 구현하려면 ① 차량을 고속 주행시키는 '자기부상·추진 기술', ② 극한의 아진공 환경0.001~0.01 기압을 유지하는 '아진공 튜브 설계·시공 기술', ③ 객실 기밀을 유지하며 안정적 승차감을 제공하는 '차량 설계·제작 기술'이 필요합니다. 정부에서도 관련 기술 개발을 여러모로 지원하고 있는데요.

　그렇다면 국내에서 하이퍼튜브는 언제쯤 그 모습을 볼 수 있을까요? 국토부와 관련 기관에서 논의 중인 실용화 중장기 로드맵을 보면 관련 기술 개발을 거쳐 이르면 2038년쯤 시범노선 구축이 예정돼 있습니다. 음속열차를 시험 제작하고, 진공에 가까운 아진공터널을 만드는 건데요. 이후 시험 운행 등을 통해 문제점을 보완하는 과정을 거치고 나면 상용화 논의가 이뤄지게 될 겁니다. 이렇게 따지고 보면 2040년대는 돼야 하이퍼튜브를 실제로 타볼 기회가 주어지지 않을까 하는 예측입니다.

전문가들은 하이퍼튜브의 기술개발 자체도 큰 도전이지만 안전과 사업성 등 풀어야 할 과제도 적지 않다고 말하는데요. 우선 밀폐된 튜브 안에서 사고가 발생하면 대처가 쉽지 않아 자칫 대형참사로 이어질 수 있기 때문에 안전에 대한 우려가 제기됩니다.

또 수송 인원대당 20~25명이 일반 열차보다 크게 적어 사업성과 경제성이 있겠느냐는 의문도 나옵니다. 상대적으로 국토가 좁은 우리나라에서는 음속열차의 효율성이 떨어질 수 있다는 지적도 있습니다.

'1899년 통표' 여기선 지금도 쓴다…
열차충돌 막는 '폐색'의 비밀

열차가 달리다 고장으로 갑자기 선로 위에 멈춰 서게 된다면 아마도 뒤따라오는 기차가 가장 염려될 겁니다. 혹시나 뒤 열차가 고장 사실을 모르고 진행하다 추돌사고를 내지 않을까 하는 우려 때문인데요.

사실 이런 걱정은 1800년대 중반 열차가 처음 개통했을 때부터 있었습니다. 한국철도기술연구원 자료를 보면 당시에는 신호 체계도 변변치 않은 탓에 '폴리스맨'이라고 불리는 사람들이 일정한 간격으로 서 있다가 열차가 들어오면 기관사에게 손으로 진행 또는 정지신호를 보냈다고 하는데요.

간혹 앞서가던 열차가 고장 나서 멈추는 경우에는 추돌사고를 막기위해서 폴리스맨이 뒤에 오는 열차로 뛰어가서 온몸으로 정지신호를 보냈다고 합니다. 사람이 사고를 막는 신호등 역할을 한 셈이죠.

또 사람이 기차 앞에서 말을 달려 선로에 아무 지장이 없음을 확인한후 기차가 따라서 올 수 있도록 했다는 얘기도 있습니다. 하지만 열차 속도가 점차 빨라진 데다 육중한 체구 탓에 제동거리도 길어지면서 일일이 눈으로 확인하고 달리는 방식으로는 안전을 보장하기 어려워졌습니다.

기관사가 사고 열차를 발견하고 급제동하더라도 정지까지 시간이 걸리는 탓에 추돌이나 충돌을 피하기 힘들기 때문인데요. 그래서 고안한 방식이 바로 '폐색閉塞'입니다. 영어로는 '블로킹blocking'이라고 하는데요. 말 그대로 '닫고 막는다'라는 의미로 열차가 다니는 선로의 일정 구간을 나눠서 그 안에는 하나의 열차만 운행할 수 있도록 하는 개념입니다.

이렇게 되면 만일의 경우에도 다른 열차가 해당 구간에 진입하는 걸 막아서 추돌이나 충돌사고를 막을 수 있는데요. 폐색 방식이 도입된 초기에는 주로 역과 역 사이를 폐색 구간으로 정해서 운영했다고 합니다.

하지만 특정 역을 출발한 열차가 다음 역에 도착한 뒤에야 후속 열차를 보낼 수 있다 보니 열차 운행 간격이 너무 길어지는 문제가 생겼습니다. 그래서 요즘은 첨단신호 시스템 등을 활용해서 폐색 구간을 더 짧게 운영한다고 합니다.

선로 변에 설치된 신호기들　　　　　　출처 : 코레일

코레일에 따르면 폐색은 크게 '고정 폐색'과 '이동 폐색'으로 나뉩니다. 고정 폐색은 지하철과 국철에서 많이 사용하는 방식으로 역과 역 사이의 폐색 구간을 최초 계획된 열차 운행 간격에 맞춰 나누고, 이 구간에 신호기 등 관련 장비를 설치해서 열차 진입을 조정하는 겁니다.

일반적으로 전동차는 약 200m, 속도가 빠른 일반철도는 600~800m, 고속철도 구간에서는 1.2km 간격으로 중간마다 폐색신호기를 설치해서 운영한다고 하는데요. 이들 신호기가 선행 열차 상황에 따라서 구간 구간 들어오는 후속 열차에 정지 또는 서행 신호를 보내주는 겁니다.

지하철이나 열차가 운행 중 선로 위에 멈춰 선 뒤 "신호 정지 관계로 잠시 정차하고 있습니다"라는 안내 멘트가 나오는 것도 상당 부분 폐색 구간과 관련이 있는데요. 많은 선로에서 사용하는 방식이기는 하지만 유지보수 비용이 많이 드는 데다 날씨가 좋지 않을 경우 기관사가 신호를 정확히 확인하기 어려운 단점도 있습니다.

물론 기관사가 실수나 갑작스러운 신체적 이상으로 신호를 보지 못하거나, 잘못 보고 신호기의 제한 속도를 초과해서 통과하는 경우 자동으로 열차를 세우는 '열차 자동정지장치^{ATS, Automatic Train Stop}'라는 대비책이 있긴 합니다.

반면 이동 폐색은 열차 상호 간의 위치와 속도를 무선통신으로 파악해 달리면서 열차 운행 간격을 조정하는 첨단 방식인데요. 고정적인 폐색 구간 대신 실시간으로 운행하는 열차들이 유지하는 안전 간격이 사실상 폐색 구간이 되는 겁니다.

경부·호남고속철도와 서울지하철 5·6·7·8·9호선 등에서 가능하다고 하는데요. 코레일 신호제어처 관계자는 "이동 폐색을 하면 선행 열차와 후속 열차의 위치·속도에 따라서 열차 간격이 최소가 되도록 제어할 수 있다"며 "안전을 고려하면서도 운행 간격 단축이 가능하다"고 설명합니다.

현재 국내외에서 개발 중인 열차 자율주행 시스템이 등장하게 되면 운행 간격이 더 촘촘해질 수 있을 것이란 전망도 나옵니다. 자율주행차와 마찬가지로 인공지능AI을 탑재한 열차들이 서로 실시간 소통하면서 스스로 간격을 안전하게 조정할 수 있기 때문입니다.

참고로 경인선이 1899년 처음 개통했을 당시에는 폐색 구간을 오갈 때 '통표'라는 걸 사용했습니다. 일종의 열차운행 허가증인데요. 통표 폐색은 선로가 하나인 단선 구간에서 주로 쓰였다고 합니다.

특정 역에서 다음 역으로 갈 때 우선 양쪽 역의 운행관리자 간에 연락을 취해서 열차를 출발시켜도 되는지 협의가 끝나면 출발역에 설치된 통표 폐색기에서 1개의 통표가 나오는데요. 열차 기관사는 이 통표를 받아서 운행에 나서게 됩니다. 통표 없이 운행은 금지입니다.

이 사이 반대편 역에서는 통표가 발급되지 않기 때문에 다른 열차는 정지해서 기다려야 합니다. 이후 먼저 출발한 열차가 도착해서 통표를 반납하면 그제야 통표를 받아서 다음 역으로 갈 수 있는 겁니다.

경인선에서는 1908년까지 네모난 통표를 사용했는데요. 일제 강점기부터는 원형 고리 형태의 통표로 바뀌었습니다. 통표 폐색은 현재 국내에서는 단선 구간인 점촌역경북선과 주평역문경선 사이에서 볼 수 있다고 하네요. 또 정선선에도 통표 시스템이 있습니다.

새로 개발한 열차는 여기서 달린다…
오송차량기지의 '속살'

서울역이나 용산역을 출발해 KTX 오송역 부근에 다다르면 오른쪽 차창 밖으로 꽤 넓은 부지에 여러 건물과 선로, 그리고 그 위에 놓여 있는 다양한 열차들이 눈에 띕니다. 바로 철도 분야에서 흔히 '오송차량기지'라고 부르는 시설인데요.

이곳에서 보관 중이거나 보관했던 열차는 다양합니다. 우선 초고속열차인 '해무HEMU-430X'가 있는데요. 이 열차는 지난 2013년 3월에 국내 최고인 시속 421km를 돌파한 바 있습니다.

해무는 연구개발R&D용으로 제작됐기 때문에 실제로 영업 운영이 이뤄지는 일반철도에서는 원칙적으로 운행할 수가 없는데요. 그러나 해무를 개발하면서 습득한 동력 분산식 열차 제작 기술은 KTX-이음과 KTX-청룡 등을 통해 구현되고 있다고 합니다.

비슷한 상황의 열차가 하나 더 있습니다. 2000년대 후반 개발한 틸팅 열차인데요. 빙상선수가 곡선 구간을 돌 때 속도를 줄이지 않으면서도 넘어지지 않도록 몸을 옆으로 기울이는 것처럼 곡선 선로 구간을 지날

때 안전을 위해 차체를 기울일 수 있는 기능을 가진 열차입니다. 속도도 시속 200km를 넘겼습니다.

당시는 산악지대가 많은 국내 철도 환경에 유용할 것이란 계산이었는데요. 그러나 정부가 산악지대의 곡선반경이 큰 철로 대신 터널을 뚫는 방식 위주로 선로 개량을 추진하면서 틸팅열차도 설 곳을 잃었다고 합니다. 지금은 철도박물관에 전시하기 위해 이사했다고 하네요.

수도권광역급행철도^{GTX}-A 차량도 시험 주행 때는 이곳 오송차량기지에서 밤을 보내기도 했습니다. 이렇게만 보면 오송차량기지가 달리 갈 곳 없는 열차들을 보관하거나 최근 개발된 열차의 임시 차고지 역할 정도만 하는 것으로 오해할 수도 있을 텐데요.

오송차량기지는 1994년 말 경부고속철도 건설을 위한 오송궤도기지사무소로 시작해 현재는 여러 용도로 사용되고 있습니다. 총 58만여㎡ 부지에 40여 개의 건물이 있으며 국가철도공단과 코레일, 한국철도기술연구원^{철기연}과 철도 관련 민간업체 등이 입주해 있습니다.

국가철도공단은 '오송시설정비사무소'라는 명칭으로 철도 건설장비 유지보수 및 철도건설 현장 공급과 장대레일 용접공장 운영 등을 하고 있습니다. 코레일은 선로 유지보수와 유사시 사고 대응 등을 위해 이곳을 사용 중입니다.

오송차량기지에는 또 하나 숨겨진 '속살'이 있습니다. 바로 국내 유일의 '철도종합시험선로^{이하 시험선}'인데요. 총 길이 13km, 최고 시속 250km까지 달릴 수 있는 시험선로로 모두 2,400억 원을 들여 지난 2019년 3월에 완공했습니다.

쉽게 말하면 새로 개발·제작한 열차의 성능 시험을 제대로 할 수 있는 시설인데요. 시험선은 직류와 교류 모두 사용 가능하며, 9개의 교량과 6개의 터널 구간을 갖추고 있습니다. 현재 철기연에서 운영을 맡고 있는데요.

철기연 관계자는 "현대로템과 우진산전 등 국내 철도차량 제작업체들도 각각 시험선로를 갖추고는 있지만, 길이가 짧은 탓에 제대로 속도를 낼 수 없는 등 시험에 한계가 있기 때문에 대부분 이곳 종합 시험선로를 이용한다"고 설명합니다.

강릉선과 중부내륙선, 중앙선 등을 달리고 있는 KTX-이음도 이곳 시험선에서 테스트를 거쳤으며, 차세대 고속열차인 KTX-청룡 역시 이곳을 이용했습니다.

그런데 신형 열차의 테스트베드인 시험선도 고민이 있습니다. 당초 순환선 형태로 건설할 계획이었으나 직선 선로가 너무 짧아서 속도를 내

개통 전에 오송차량기지에서 주차 중인 GTX-A 열차

기 어렵다는 지적에 따라 직선 구간을 늘린 탓에 순환선이 되지 못한 겁니다. 이 때문에 시험 운행한 열차가 회차할 동안 시험선을 사용하지 못하는 등 효율적인 운영에 지장을 받고 있다고 합니다.

오송차량기지 안에는 또 트램을 위한 시험선로도 있는데요. 무가선 트램을 위한 시설입니다. 무가선 트램은 공중에 전기 공급을 위한 전선을 따로 설치할 필요 없이 배터리 등으로 움직이는 방식입니다. 얼핏 열차들만 잔뜩 서 있는 곳처럼 보이지만 오송차량기지는 중요하고 다양한 기능을 가진 철도의 보물창고 같은 곳이라고 할 수 있습니다.

'조선해방자호'
첫 국산 열차에 이런 이름이 붙은 까닭은?

'KTX-청룡'

2024년 4월 1일 KTX 개통 20주년 기념식에서 차세대 고속열차**EMU-320**에 붙여진 이름입니다. 청룡의 해에 탄생한 국내 최고 속도의 고속열차로, 보다 높고 화려하게 비상하는 열차라는 의미를 담았다는 게 코레일의 설명인데요. KTX는 한국고속철도**Korea Train eXpress**란 뜻입니다.

120여 년 전 경인선 철도 개통 이후 우리 철도 역사 속에는 다양한 열차 이름이 등장합니다. 우선 1899년 9월 18일 노량진~인천 구간을 달린 첫 증기기관차는 명칭이 '모갈**Mogul** 1호'인데요. 일본식 호칭은 '모가'입니다. 미국에서 수입한 기관차로 '엄청난 크기의 사물'이나 '거인'이란 뜻인데요. 당시 사람들에겐 생소하고, 두렵기까지 한 거대한 기관차의 이름으로 걸맞은 듯합니다.

기관차가 아닌 우리나라 열차에 이름이 붙은 건 '융희隆熙호'가 최초인데요. 1908년 부산~신의주 구간을 오가기 시작한 직통 급행 여객열차에 사용됐습니다. 융희는 1907년부터 1910년까지 쓰인, 대한제국의 마지막 황제 순종의 연호입니다. 당시는 부산에서 신의주로 올라가는 열차를 '융', 신의주에서 부산으로 내려가는 열차를 '희'라고 불렀다고 하네요.

융희호 이후 일제강점기 열차 이름은 모두 일본어였습니다. 히카리빛, 노조미희망, 아카쓰키새벽 등이 대표적인데요. 철도사 전문가 배은선 철도박물관장에 따르면 당시에는 특별한 열차에만 이름을 붙였다고 합니다.

우리말로 된 열차 이름이 다시 등장한 건 광복 직후인 1946년이었는데요. 바로 '조선해방자호'입니다. 해방 직후 우리 철도의 현실은 실로 열악했는데요. 일본인 기술자들이 모두 돌아간 탓에 인력과 장비 모두 부족한 상황에서 처음엔 열차 운행 자체가 불가능할 정도였습니다.

이런 상황에서 용산제작소에서 우여곡절 끝에 자체 기술로 만들어낸 증기기관차가 '해방자 1호'였고, 이 기관차에 객차와 식당차 등을 연결해 경성과 부산을 오간 특별 급행 여객열차의 이름이 '조선해방자호'였습니다. 새로운 조국을 열어간다는 해방감과 주체적으로 철도를 운영해나갈

KTX-청룡은 청룡의 해에 탄생한 국내 최고 속도의 고속열차란 의미다.　　　　출처 : 코레일

수 있다는 자부심이 더해진 명칭이라는 해석입니다.

조선해방자호에 이어 두 번째로 등장한 열차 이름은 '서부해방자호**1948년**'였는데요. 서울과 목포를 잇는 급행열차에 붙은 명칭입니다. 조선해방자호는 경부선, 서부해방자호는 호남선 열차인 셈입니다. 이듬해 서부해방자호는 지금 우리에게도 친숙한 이름인 '무궁화호'로 이름이 바뀌는데요.

무궁화호는 1960년엔 경부선 특급열차에 사용되다가 1980년 전국 모든 급행열차에 적용되는 이름으로 자리를 잡게 됩니다. 코레일에 따르면 무궁화호란 이름은 전국 방방곡곡에 피는 우리나라 국화인 무궁화처럼 호남선, 경부선 등 전국을 누비는 열차를 뜻한다고 합니다.

열차 이름은 당시 시대상을 반영하기도 하는데요. 월남전 파병이 한창이던 1960년대에는 맹호, 청룡, 십자성 같은 파병부대 이름을 따서 지은 열차가 많았다고 합니다. 전국적으로 새마을운동이 벌어지던 1970년대에 '새마을호'란 열차가 등장한 것도 같은 맥락입니다. 풍년, 증산, 통일, 협동, 약진 등의 명칭도 보입니다.

이렇게 다소 중구난방이던 열차 이름은 1980년에 대대적인 변화를 맞이하는데요. 모든 여객열차를 등급별로만 구분해서 새마을호, 우등, 특급, 보급, 보통의 5단계로 나누게 됩니다. 이어 1984년부턴 우등은 무궁화호, 특급은 통일호, 보통은 비둘기호로 바꾸는데요. 이 중 비둘기호는 2000년 11월에 사라지게 됩니다.

2004년 KTX 개통과 함께 새로운 열차 이름들이 등장하는데요. 2세대 KTX이자 국산 기술로 개발한 'KTX-산천'이 대표적입니다. 우리 금수강산과 푸르른 자연을 뜻하는 한편, 외형 디자인의 모티브가 된 토종 물고기인 '산천어'처럼 날렵하고 힘차게 뻗어나가는 한국형 고속열차란 의미도 지닙니다.

　최대 시속 260km대의 준고속열차인 KTX-이음은 ① 사람과 사람을 잇고, ② 세계를 잇고, ③ 지역을 잇는다는 의미입니다. ITX-청춘은 말 그대로 꿈과 열정이 있는 젊음을 상징하기도 하지만 청량리와 춘천을 잇는다는 뜻도 있다고 하는데요. 참고로 ITX는 도시와 도시를 빠르게 잇는 급행열차Intercity Train eXpress를 말합니다.

　ITX-새마을은 기존 새마을호의 이미지를 승계한 것이고, ITX-마음은 승객의 설레는 마음을 품고 달리는 열차라는 의미를 담았다고 합니다. '누리로'는 누리세상를 달린다는 뜻이고, 호텔식 고급 관광열차인 '해랑'은 해와 함께라는 의미라네요.

가루 날리는 석탄도 문제없다…
뚜껑 없는 화물열차에 싣는 까닭

전국을 오가는 열차는 크게 여객열차와 화물열차로 나뉩니다. 여객열차는 말 그대로 승객 수송이 주목적으로 고속열차인 KTX를 비롯해 KTX-이음, ITX-새마을, ITX-마음, 무궁화호 등이 대표적입니다.

화물열차 역시 이름 그대로 각종 화물 수송을 목적으로 하는데요. 요즘은 철도를 이용한 물류 비중이 크게 줄었지만 1970년대까지만 해도 상당한 역할을 했습니다. 코레일에 따르면 도로망이 제대로 갖춰지지 않았던 1960년대에는 철도의 화물 수송 분담률이 40%를 넘었고, 특히 1966년에는 전체 물동량 수송의 47.3%까지 차지했다고 하는데요.

하지만 경인·경부고속도로 등이 속속 개통하고, 정부의 도로 수송 위주 정책**주도종철, 主道從鐵**으로 인해 그 위상이 많이 낮아지기 시작했는데요. 그나마 1970년대까지는 김장철 배추 특별수송에 철도가 한몫하는 등 30%가량의 분담률은 유지했습니다.

1980년대 들어서면서 이 비율은 20%대로 더 떨어졌고, 현재는 1%를 겨우 넘는 수준이라고 합니다. 그래도 시멘트, 철강, 석탄, 컨테이너, 유

디젤기관차가 뚜껑 있는 유개화차를 끌고 있다.　　　출처 : 코레일

류 등의 수송에는 여전히 그 역할을 하고 있습니다. 화물열차는 옮기는 화물의 종류에 따라 다양한 화차**물품 수송을 위한 전용철도 차량**를 사용하는데요. 이 화차에 전기나 디젤로 움직이는 기관차를 연결해서 달리게 됩니다.

현재 코레일이 운영 중인 각종 화차는 6,000량이 넘습니다. 이 중 약 4,500량이 코레일 소유이고, 나머지는 기업 소유라고 하는데요. 물론 이들 화차는 소유자와 상관없이 모두 코레일이 운행을 담당합니다.

종류별로 보면 화차 중에서 가장 많은 건 컨테이너 화차로 수출입용 컨테이너를 적재할 수 있도록 평평하게 만들어져 있으며, 전체 화차의 40%가량 됩니다. 탱크화차**조차**도 있는데 일반적으로 항공유 같은 기름 등 액체를 수송하기 위한 화차**유조화차**와 벌크 시멘트를 실어 나르기 위한 화차**양회화차**로 구분합니다.

철강 수송을 위한 평판화차 역시 두 가지로 나뉘는데요. 건축자재나 파이프 제작 등에 쓰이는 열연코일을 수송하는 화차**일명 핫코일차**와 열연코일을 보다 매끄럽게 다듬은 냉연코일을 운반하는 화차입니다.

151

핫코일차는 뚜껑 없이 외부에 노출되는 반면, 냉연코일 화차는 먼지 등을 막기 위해 뚜껑을 씌우는 게 큰 차이입니다. 컨테이너, 철강이 아닌 레일이나 침목 등을 싣기 위해 평판만 설치된 일반 평판차도 있습니다.

비바람을 맞으면 안 되는 물품 수송을 위한 박스형 화차는 유개차라고 부릅니다. 이름 그대로 뚜껑이 있는 화차인 겁니다. 반대로 뚜껑이 없는 화차는 무개차라고 부르는데요. 주로 석탄이나 광석 등을 싣는 용도로 사용됩니다.

그런데 여기서 궁금증이 생기는데요. 석탄이나 광석은 가루가 날릴 가능성이 있는데 왜 뚜껑이 없는 화차에 싣는 걸까요? 코레일에 따르면 포크레인이나 페이로더, 컨베이어벨트 등 여러 장비를 이용해 싣고 내리기 쉽게 하기 위해서라고 합니다.

뚜껑이 있는 화차는 아무래도 석탄과 광석을 싣고 내리기 번거로울 듯하기도 한데요. 대신 운행 중에 분진이 날리는 걸 방지하기 위해 석탄이나 광석에 표면 경화제를 뿌린다고 합니다. 표면 경화제는 석탄류 등의 표면에 뿌리면 건조되면서 피막을 형성해 분진 등이 날리지 않도록 막아주는 표면 코팅제라고 합니다. 물론 표면 경화제 사용이 어려운 품목은 덮개를 씌운다고 하네요.

이렇게 수송한 석탄을 내리기도 쉽지 않은 작업인데요. 과거에는 사람이 직접 퍼 날랐고, 요즘은 포크레인 등으로 옮기긴 하지만 이보다 더 효과적인 방식이 있습니다.

바로 '카덤퍼Car Dumper'라는 장비를 이용해 무개차를 그대로 뒤집어서 석탄을 쏟아내는 방식입니다. 국내에는 도담역충북 단양과 괴동역경북 포항에 이 장치가 있다고 하는데요. 석탄 사용이 많은 중국에서도 카덤퍼를 많이 사용한다고 합니다.

지하철 건설 때 정부가 돈 60% 대주는데…
서울만 왜 40%?

'KTX, SRT, ITX-새마을, ITX-마음, GTX, 지하철 등등'
속도와 모양은 제각각이지만 이들은 모두 '철도'라는 공통점을 갖고 있는데요. 철도의 법적 정의는 '여객 또는 화물을 운송하는 데 필요한 철도 시설과 철도차량 및 이와 관련된 운영·지원 체계가 유기적으로 구성된 운송 체계'입니다.

풀어서 말하자면 여객이나 화물을 실어 나르는 열차와 선로, 역, 관제 및 신호 시스템 그리고 유지보수 기능 등이 종합적으로 연결된 교통수단이라는 의미입니다. 이러한 철도도 기능이나 속도 등에 따라서 여러 가지로 나눠집니다.

국내 철도 건설을 총괄하는 국가철도공단이 2024년 펴낸 「한 손에 잡히는 철도」를 보면 동력원, 속도, 운행구간, 차량 규모 등으로 분류할 수 있는데요. 우선 동력원, 즉 열차가 달리는 힘을 얻는 방식에 따라 ① 증기철도, ② 디젤철도, ③ 전기철도로 나눕니다.

물론 지금은 관광용 등 특수 용도를 제외하곤 증기철도는 찾아보기 힘들죠. 속도를 기준으로 하면 ① 고속철도, ② 준고속철도, ③ 일반철도로 분류합니다. 운행 구간별로는 ① 일반철도, ② 광역철도, ③ 도시철도, 차량 규모로는 ① 중량전철, ② 중형전철, ③ 경량전철로 나눕니다.

그런데 이것은 법적인 분류는 아닙니다. 관련 규정들에 따르면 철도는 법적으로 크게 ① 고속철도, ② 광역철도, ③ 도시철도, ④ 일반철도 등 네 가지로 분류됩니다. 먼저 고속철도는 주요 구간을 시속 200km 이상으로 주행하는 철도로서 국토교통부 장관이 그 노선을 지정·고시하는 철도로 '철도건설법'에 규정돼 있는데요.

흔히 시속 300km는 돼야 고속철도로 생각하기 쉽지만, 법적 기준은 시속 200km 이상입니다. 또 국제적으로도 시속 200km 이상으로 달리는 철도를 고속철도로 간주하고 있습니다.

하지만 시속 200km 이상으로 주행한다고 해서 다 고속철도는 아닙니다. 국토부 장관이 지정·고시한 게 아니면 고속철도로 인정받지 못하는데요. 예를 들면 원주~강릉**경강선** 복선전철은 시속 200km 넘게 달릴 수 있지만, 고속철도로 분류하지 않습니다.

광역철도는 둘 이상의 시·도에 걸쳐 운행하는 도시철도 또는 철도로서 시·도 간의 일상적인 교통 수요를 처리하기 위한 철도라는 게 '대도시권 광역교통관리에 관한 특별법'의 정의입니다.

또 도시철도법에 따르면 도시철도는 서울지하철이나 부산지하철처럼 도시교통의 원활한 소통을 위해 도시 교통권역에서 건설·운영하는 철도·모노레일·노면전차**트램**·자기부상열차 등 궤도에 의한 교통 시설 및 교통 수단입니다.

일반철도는 고속철도와 도시철도법에 따른 도시철도를 제외한 나머지 철도를 의미합니다. 이러한 법적인 분류는 단순한 구분을 넘어서는 아주 중요한 의미를 갖는데요. 바로 해당 철도를 건설할 때 돈을 누가 얼마나 부담하는지가 달라지기 때문입니다.

우선 고속철도는 흔히 정부에서 사업비를 모두 지원하는 것으로 생각하기 쉬운데요. 고속철도는 정부와 국가철도공단^{이하 공단}이 철도산업발전위원회에서 정하는 비율에 따라 나눠서 돈을 조달합니다. 경부·호남 고속철도는 정부와 공단이 반반씩 사업비를 댔고, 수서고속철도는 국고 40%·공단 60%의 비율이었습니다.

현재 추진 중인 평택~오송 2복선은 공단의 부담이 70%로 더 높아졌는데요. 물론 공단이 공기업이기 때문에 큰 틀에서 보면 정부가 고속철도 건설비를 다 지원한다고 볼 수도 있을 듯싶습니다. 공식적으로 정부가 사업비 전액을 모두 부담하는 건 일반철도입니다.

광역철도로 넘어가면 조금 복잡해지는데요. '대도시권 광역교통 관리

서울지하철 4호선의 창동 차량기지   출처 : 서울교통공사

에 관한 특별법 시행령' 제13조에 따르면 광역철도의 건설 또는 개량 사업에 필요한 비용은 국가가 70%를 부담하고, 해당 지자체가 30%를 책임지게 돼 있습니다.

그러나 지자체가 광역철도 건설 또는 개량 사업을 할 때 서울시가 사업 구간에 포함하는 경우에는 국가가 50%, 서울시가 50%를 부담토록 하고 있는데요. 서울시가 다른 지자체보다 20%의 사업비를 더 내야만 하는 겁니다.

도시철도도 비슷한데요. '도시철도 건설과 지원에 관한 기준'을 보면 지자체가 도시철도를 건설할 때 국고에서 60%를 지원하고, 해당 지자체는 40%를 부담하게 돼 있습니다. 여기서 서울시만 또 예외입니다. 국고는 40%만 주고, 서울시가 60%를 책임져야 합니다.

그렇다면 왜 서울시만 광역·도시철도 건설 때 돈을 더 많이 내야 하는 걸까요? 정부 관계자들에 따르면 한마디로 서울시는 돈이 많고, 재정형편도 상대적으로 낮기 때문입니다.

'재정 자립도'라는 지표를 보면 보다 명확해지는데요. 재정자립도는 재정수입의 자체 충당 능력을 뜻하는 것으로 일반회계의 세입 중에서 지방세와 세외수입이 차지하는 비율입니다. 이 비율이 높을수록 해당 세입 징수 기반이 좋다는 의미인데요.

국가통계포털에 따르면 2024년 기준으로 전국 17개 광역시·도의 평균 재정 자립도는 43.3%입니다. 이 가운데 재정 자립도 1위는 서울시로 74%에 달하는데요. 2위인 세종시57.5%와 3위인 경기도55.1%보다 훨씬 양호합니다. 참고로 꼴찌는 전북23.5%입니다.

이처럼 서울시는 재정 자립도가 단연 높은 데다 예산 규모도 큰데요. 2025년에 편성된 예산만 48조 원에 달합니다. 부산시약 17조 원나 대구시약

11조 원와 비교해도 상당한 규모입니다. 물론 서울시 입장에서는 재정 형편이 상대적으로 낫다고 하더라도 광역 및 도시철도 건설 때 사업비를 더 많이 대라고 하는 것에 불만이 있을 겁니다.

하지만 철도와 도로, 공항 등 SOC**사회간접자본**에 투자할 예산이 빠듯한 정부로서는 그나마 여유 있는 서울시가 더 부담해야 한다는 생각입니다. 이 때문에 현재 같은 분담 구조는 상당 기간 계속 이어질 듯싶습니다.

3수 만에 실증 나서는 '수소열차'
2028년 투입될 구간은 어디?

국내에서 운영되는 철도의 연장은 약 4,600km에 달합니다. 서울지하철 등 도시철도는 제외한 고속철도와 일반철도 수치인데요. 이 중 열차가 달릴 수 있게 전기를 공급하는 설비가 구축된 '전철화 구간'이 85%가량 됩니다.

바꿔 말하면 국내 철도의 15%는 전기로 달리는 전철이 다닐 수 없는 구간, 즉 '비전철화 구간'이라는 건데요. KTX와 KTX-이음 같은 고속열차는 물론 ITX-새마을, ITX-마음 같은 전철은 운행이 불가능합니다.

그래서 비전철화 구간에선 중·단거리 통근은 디젤동차^{RDC}가, 장거리 여객과 화물 수송은 디젤기관차가 주로 맡아왔습니다. 디젤동차는 별도의 기관차 없이 엔진이 객차 아래에 설치돼 있어 얼핏 일반 전동차처럼 보이기도 하는데요.

경유를 사용하는 디젤동차는 힘이 좋아 언덕길 등도 상대적으로 잘 오른다는 평가를 받습니다. 하지만 배기가스를 많이 배출하는 탓에 코레일에선 사실상 사용을 중단했는데요. 애초 120여 량의 디젤동차는

2020년 폐차 예정이었으나 퇴역을 조금 늦추는 과정을 거쳐 일부 특수 목적의 동차를 제외하곤 모두 운행을 멈췄습니다.

2024년 말 운행을 종료해 관광객들의 아쉬움을 샀던 동해안의 바다 열차도 디젤동차입니다. 환경을 고려해서 디젤동차를 없애는 건 좋은데 고민은 이를 대신할 수단이 마땅치 않다는 점입니다. 물론 전철이 다닐 수 있게 비 전철화 구간에 관련 설비를 설치하면 되겠지만, 비용이 문제입니다.

국토교통부에 따르면 일반철도^{복선}의 표준 공사비가 1km당 207억 원가량인데 이 중 전철화 관련 비용이 18%인 37억 원을 차지하는데요. 약 15%인 비전철화 구간을 모두 전철화한다면 무려 2조 4,000억 원이 필요하다는 계산이 나옵니다.

아니면 주로 화물 운송에 쓰는 디젤기관차에 객차를 붙여서 운행하는 '궁여지책'이 있기는 합니다. 20년 만에 재개통한 교외선이 해당하는데요. 그러나 배기가스를 많이 배출한다는 문제는 여전히 남습니다.

마침 이런 고민스러운 상황을 풀어줄 '해결사'가 머지않아 등장할 전망입니다. 바로 '수소열차', 정확히는 '수소전기동차'인데요. 수소열차는 수소저장 용기에 저장된 수소를 연료전지에 공급해 생산한 전기로 모터를 돌려서 달리는 미래형 열차입니다.

외부에서 전기를 공급받을 필요가 없기 때문에 비전철화 구간에서도 자유롭게 운행이 가능합니다. 또 디젤엔진과 비교해서 에너지 효율이 2배 이상 높은 데다 배기가스도 전혀 배출하지 않는 친환경성까지 갖췄으니 금상첨화인 셈인데요.

국토부는 2027년까지 총 321억 원을 투입해서 수소전기동차의 실증 R&D 사업을 본격 착수한다는 계획인데요. 순조롭게 실증 사업이 진행

국가 R&D 과제로 2022년 개발된 수소전기동차　　　출처 : 국토교통부

되면 2028년에 본격 상용화할 예정입니다. 실증 사업에는 정부와 코레일, 우진산전 등이 참여합니다.

　모터를 객차에 분산해 배치하고^{동력 분산식}, 양방향 운행이 가능하며, 한 번 충전으로 600km를 달릴 수 있고, 최고 운행 속도가 시속 150km인 2량 한 편성짜리 수소전기동차를 제작해 안전성을 검증하는 사업인데요. 수소 충전소와 차량 검수 시설도 설치합니다.

　사실 이 실증 사업에 오기까지 난관도 적지 않았습니다. 예산 확보가 걸림돌이었는데요. 앞서 수소전기동차 관련 기술은 지난 2018년부터 2022년까지 정부 R&D 사업으로 총 256억 원을 투입해 개발됐습니다. 국고에서 220억 원이 지원됐고, 철도차량 제작업체인 우진산전이 36억 원을 보탰는데요. 기술개발은 국책 연구기관인 한국철도기술연구원과 우진산전이 함께했습니다.

　이때 제작된 시제 차량은 2량 한 편성으로 좌석과 입석을 합해 최대 400명을 태울 수 있고, 최고 속도는 시속 110km였습니다. 또 한 번 충전으로 600km를 주행할 수 있고, 오송 시험선에서 5,000km 주행시험도 마쳤다고 하는데요.

이렇게 개발된 기술을 바탕으로 실증용 차량을 만들어 안전성을 검증하면 곧바로 상용화가 가능한 단계까지 진행된 셈이었습니다. 그러나 실증 사업을 위해 신청한 예산이 2023년과 2024년도 정부 예산안에서 연거푸 빠진 겁니다.

이 때문에 독일, 미국, 일본, 중국, 캐나다 등 주요 국가 간에 치열하게 벌어지고 있는 수소열차 개별 경쟁에서 자칫 뒤처지는 것 아니냐는 우려도 나왔었는데요. 다행히 2025년에 예산 확보에 성공해 드디어 실증 사업에 나서게 됐습니다. '3수'만에 추진이 되는 셈인데요.

2028년에 첫 상용화가 이뤄진다면 비전철화 구간 중에서 우선 고려될 노선은 교외선이 될 가능성이 높다는 전망입니다. 현재 디젤기관차를 앞뒤로 붙여 발전차[1량]와 객차[2량]를 끌고 가는 임시방편으로 운행 중이기 때문입니다.

KTX가 서울~부산 424km 달리면 전기료는 얼마나?

1800년대 기차가 처음 등장했을 때 사용한 연료는 석탄이었습니다. 간단히 말하면 석탄을 태워서 나오는 열로 물을 데우고 여기서 분출되는 수증기의 힘으로 열차 바퀴를 돌리는 방식이었는데요. 이렇게 움직이는 게 바로 증기기관차였습니다.

현재 국내에서는 증기기관차는 퇴역하고, 전기와 경유^{디젤}를 쓰는 열차들만 운행되고 있는데요. 고속열차인 KTX와 KTX-산천, KTX-청룡을 비롯해 KTX-이음, ITX-새마을, ITX-이음 등이 모두 전기로 달립니다. 반면 디젤은 화물열차와 비전철화 구간^{전기 설비가 안 갖춰진 구간}을 다니는 열차에서 사용합니다.

자동차 유지 비용 중에 큰 비중을 차지하는 게 유류비, 즉 기름값이듯 열차 운행에서도 연료비가 차지하는 몫이 적지 않은데요. 코레일에 따르면 2023년 기준으로 연간 매출액의 10%가량이 전기료로 나간다고 합니다.

그렇다면 KTX가 서울에서 부산까지 달린다고 하면 전기요금이 얼마나 나올까요? 우선 전기요금은 고속선이냐 기존선이냐에 따라서 나뉘는데요. 고속선은 말 그대로 고속열차 전용으로 만든 선로로 다니는 것이고, 기존 선은 영등포·수원 등 종전 경부선 철도를 일정 구간 이용해서 운행하는 걸 의미합니다.

고속선으로 서울에서 부산까지 가면 영업 거리는 423.8km인데요. 여기에 KTX의 1km당 전력 소비량인 23.74 kWh^{킬로와트시}를 도입하면 전체 사용량은 1만 61kWh가 됩니다. 이 사용량에 한국전력공사에서 적용하는 단가를 곱하면 전기요금이 산출되는데요.

2024년 1월 단가를 기준으로 할 때 전기요금은 222만 원가량 됩니다. 서울에서 부산까지 편도로 한번 운행할 때 내야 할 전기료인 겁니다. 기존선은 영업 거리가 조금 더 긴 441.7km여서 전기료도 231만 원으로 9만 원 정도 더 나옵니다. 또 단가가 매월 변동되기 때문에 월별로 조금씩 차이 난다는 게 코레일 설명입니다.

KTX-산천은 KTX보다 전기료가 적게 나오는데요. 1km당 소비전력량이 18.69kWh로 KTX에 비해 전기 소비를 덜 하기 때문입니다. 그래서 같은 기준으로 고속선은 175만 원, 기존선은 182만 원으로 KTX와 비교해 20%가량 저렴합니다.

코레일 관계자는 "고속열차는 시속 300km의 속도를 구현하기 위해 에너지 대부분을 쓰는데 여기에 사용하는 핵심 장치가 견인 전동기^{모터}"라며 "이 견인 전동기가 KTX는 6대, KTX-산천은 이보다 적은 4대가 설치돼 있어 전기 소비량에 차이가 난다"고 말합니다. 돌려야 할 모터 개수가 적은 만큼 전기를 덜 쓴다는 얘기입니다.

일반열차 중에선 높은 등급인 ITX-새마을호는 1km당 전기 소비량이 6.56kWh로 서울에서 부산까지 편도 운행 때 전기료가 64만 원 정도

KTX-산천 두 편성을 연결한 중련열차

됩니다. ITX-새마을호는 최고 속도가 시속 150km로 고속열차의 절반 수준이기 때문에 전기 사용량도 상대적으로 적은 겁니다.

무궁화호 열차는 전기기관차와 디젤기관차 모두 사용하고 있는데요. 전기기관차로 같은 구간을 운행하는 경우 전기료가 160만 원가량 나오지만, 디젤기관차로 달리게 되면 기름값이 189만 원이 든다고 하네요. 전기기관차가 디젤기관차보다 15% 저렴한 셈입니다.

KTX-산천 등 열차 2편성을 이어 붙여 운행하는 걸 '중련 편성'이라고 하는데요. 중련 편성은 열차를 2대 이어 붙이면 동일 시간에 가능한 수송량도 2배로 늘기 때문에 승객이 몰리는 시간 등에 적용합니다. 이 경우에는 전기료가 2배로 들 것 같지만, 답은 "아직 모른다"입니다.

차종별 또는 중련 편성 때 전력 소비량을 정확히 알려면 별도로 기기를 설치해 시험을 해야 하는 데 중련 편성에 대해 아직 실험이 진행된 바 없기 때문입니다. 또 동력 분산식 고속열차인 KTX-청룡과 KTX-이음도 현재까지는 개별 전력 소비량 시험을 하지 않았다고 하는데요.

실제 전기요금은 전체 열차가 사용한 전력량에 한전의 단가를 곱해서 나오기 때문에 굳이 열차 종류별 소모량을 세세히 다 알 필요성이 작다는 설명입니다.

"부산행 KTX 매진 떠도 역 가면 표 있다"…
발품 티케팅의 반전

요즘 고속열차표를 제때 예매하기가 쉽지 않다는 불만이 높습니다. SR **수서고속철도**이 운영하는 SRT는 운행 편수가 적기 때문이라지만 상대적으로 노선과 열차 수가 많은 코레일의 KTX도 좌석 구하기가 어렵다는 하소연이 적지 않은데요.

특히 여객이 몰리는 특정 요일이나 시간대에는 예매 전쟁이 더 치열합니다. 그런데 당일에 기차역에 나가면 어떻게든 표를 구해서 열차를 탈 수 있다는 경험담이 심심찮게 들리는데요. 전날까지도 없던 기차표가 어찌 된 일일까요?

코레일과 SR에 따르면 주로 예매했던 표를 출발 당일에 반환하는 '취소 표' 덕분이라고 합니다. KTX의 경우 열차표를 출발 당일에 취소하는 비율은 발매한 표의 12%가량 되는데요. 코레일이 2025년 9월 한 달간 발매한 KTX 열차표 1,051만 장 가운데 출발 당일에 반환된 표가 128만 장이었습니다.

대략 발매표 10매 중 1장꼴로 취소되는 셈인데요. 특히 출발 3시간

전~출발 시각 사이에 반환되는 표가 당일 취소 표의 64.5%를 차지합니다. 코레일 관계자는 "서울과 부산을 오가는 경부선이 열차편도 많고, 운행 시간대가 촘촘하기 때문에 취소 표도 상대적으로 많다"고 말합니다.

경부선의 경우 당일 출발 시각이 임박해서 표를 구할 수 있는 확률이 낮지 않다는 의미인데요. 게다가 일행 없이 혼자라면 가능성이 더 커집니다. 이런저런 사정으로 반환하는 열차표가 다른 이에게는 어렵사리 여정을 지속할 수 있는 행운의 표로 변신하는 셈인데요.

SRT도 출발 당일 반환되는 열차표가 전체 발매량의 11%가량 되며, 출발 3시간 전~출발 시각 사이에 취소되는 비율이 반환표의 58% 정도 됩니다. 하지만 발매 표 자체가 많지 않기 때문에 취소 표 역시 상대적으로 적습니다. SR 관계자는 "반환표는 평균적으로 한 열차당 5매 안팎"이라며 "주말에는 취소 표가 주중의 절반가량 된다"고 설명합니다.

그렇다면 기차역으로 나오면 표를 구할 확률이 더 높아질까요?

SRT는 운행 편수가 적어 표 구하기가 더 어렵다.   출처 : SR

코레일과 SR 모두 답변은 "아니다"인데요. 취소 표가 나오면 코레일과 SR의 홈페이지, 예매 앱, 역 창구 등에 동시에 노출되기 때문에 장소는 상관없다는 설명입니다.

또 야놀자 등 다른 앱에서 위탁판매하는 열차표도 별도로 배당해놓은 게 아니며, 예매 시스템이 모두 연동돼 있기 때문에 좌석이 매진되면 위탁판매 앱에서도 더는 표를 구할 수 없다고 합니다.

열차 출발이 임박해서 좌석을 구할 수 있는 또 다른 이유로는 '구간 좌석 할당제'도 꼽히는데요. 노선과 시간대별 탑승률, 과거 예약 및 취소 실적 등 다양한 빅데이터를 활용해 열차 운행 구간을 거리에 따라 몇 개 그룹으로 나눠 판매할 좌석의 비율을 미리 정해놓는 방식입니다.

이런 기법을 동원하면 빈 좌석을 최소화하고 운영을 보다 효율화할 수 있는 장점이 있다고 하는데요. 예를 들면 열차 운행 구간을 ① 단거리, ② 중거리, ③ 장거리로 나눈 뒤 열차표를 각각 30%, 30%, 40%씩 배정해놓는 식입니다.

이 경우 서울~오송 구간처럼 단거리는 예매 가능한 표가 전체의 30%밖에 안 되며, 나머지 70%의 좌석은 비어 있다고 하더라도 구매할 수 없습니다. 반면 먼 거리를 가는 승객은 장거리에 배정된 표가 40%이더라도 단거리, 중거리 몫까지 100%의 좌석을 예매할 수 있는데요.

고속철도가 장거리 수송을 목적으로 건설된 만큼 그 취지를 최대한 활용하기 위해서라는 게 코레일과 SR의 설명입니다. 장거리 승객이 많으면 운영사 수입에 더 보탬이 되기도 하고요. 이처럼 나눠놓은 표가 다 팔리지 않으면 운영사들은 열차 출발을 앞두고 일정 시점에 구간 좌석 할당제를 해제합니다.

이렇게 되면 단거리 승객도 남은 좌석에 한해서 제한 없이 표를 살 수 있게 되는데요. 이런 복잡한 과정을 거치더라도 간혹 팔리지 않거나 막판에 반환된 표가 있기 때문에 열차에 빈 좌석이 보이기도 합니다.

여기서 궁금증이 하나 생깁니다. 공급이 부족해서 좌석난이 생기는 거라면 열차를 더 늘리면 되는 것 아니냐는 것인데요. 맞는 말이지만 공기업인 코레일과 SR은 민간기업과 달리 열차를 마음대로 구입할 수 없습니다.

현재 코레일이 운영하는 시속 300km대의 고속열차는 KTX-1**20량 1편성, 46편성**, KTX-산천**10량 1편성, 39편성**, KTX-청룡**8량 1편성, 2편성** 등 모두 87편성입니다. SR은 KTX-산천급의 고속열차 32편성을 보유하고 있습니다.

관련 규정상 코레일과 SR이 신규 노선 투입이나 노후 열차 교체 목적 외에 단순 증편 같은 사업을 추진할 때는 일정 기준**총액 1,000억 원 이상에 정부·공공기관 투자분 500억 원 이상**에 해당하면 기획재정부의 공공기관 예비타당성 조사를 거쳐야만 하는데요. 그 자체로 시간이 걸리는 데다 자칫 탈락하면 절차를 반복해야만 합니다.

이런 과정을 거쳐 코레일은 지난 2023년에 KTX-청룡과 같은 차세대 고속열차 17편성을 발주했고, SR도 같은 해 동일 차종으로 14편성의 구매계약을 맺었는데요. 이들 열차는 예정대로라면 2026년 말이나 2027년 초부터 순차적으로 도입됩니다.

여기에 대표적인 고속철도 '병목 구간'으로 지목되는 평택~오송 구간의 지하에 길이 46.4km의 2복선을 만드는 사업이 시작돼 이르면 2028년경 완공될 예정인데요. 서울·용산역과 수서역을 출발한 KTX와 SRT는 평택 부근에서 만나고, 부산과 목포를 떠난 고속열차는 오송에서 합류합니다.

그러나 고속열차가 몰리는 평택~오송 구간은 선로 용량**하루 최대 열차 운행 가**

능 횟수이 필요치의 절반에 불과해 운행 열차를 더 늘릴 수 없습니다. 또 다른 병목 구간인 수색~광명 구간 지하에 고속철도 전용선로를 건설하는 사업도 추진 중인데요.

예정대로 1~3년 내에 코레일과 SR에 차세대 고속열차가 추가 도입되고, 평택~오송 구간 등의 병목현상까지 해소되면 극심했던 좌석난도 한 층 덜어질 전망입니다.

Part 03

과학과 고민이 어우러진 도로

처음엔 시체 않혔다…
인간 대신 부러지는
'13억 원짜리 마네킹' 반전

여러 가지 자동차 충돌시험 장면을 보면 차내 좌석에 사람을 대신해 인형들이 놓여 있는 걸 볼 수 있습니다. 이 인형들은 충돌 때 이리저리 구르고 부딪히며, 온갖 위험을 온몸으로 보여주곤 하는데요. 얼핏 보면 의류점에 있는 마네킹과도 유사합니다.

하지만 '더미 dummy'로 불리는 이 인형은 의상 전시용 마네킹과는 말 그대로 차원이 다릅니다. 더미에는 자동차 충돌시험 때 부위별 충격 정도를 계측할 수 있는 장치들이 곳곳에 설치돼 있습니다.

이 계측 데이터를 확인하면 충돌 때 머리, 목, 허리, 피부 등 인체의 특정 부위에 어떤 충격이 가해질지를 가늠해볼 수 있는데요. 이를 통해서 운전자와 탑승자, 보행자의 안전을 보다 강화하는 장치 등의 개발이 추진됩니다.

가격도 상당히 비싼데요. 최소 1,000만 원대에서 최대 10억 원이 넘는 것도 있습니다. 국내외 자동차 제작사는 물론 한국교통안전공단 자동차안전연구원처럼 각종 차량의 안전 테스트와 인증을 담당하는 기관

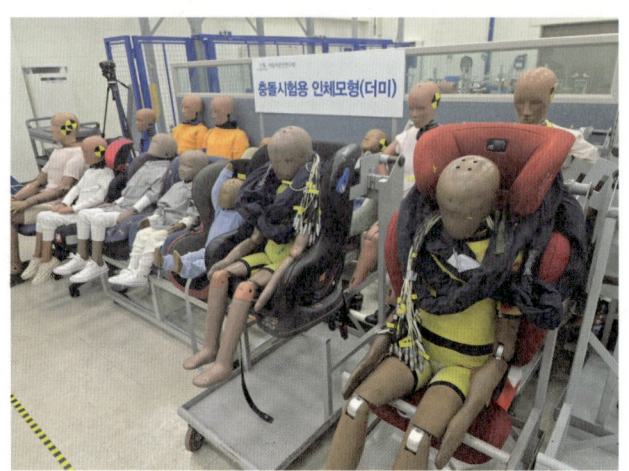

다양한 종류의 차량 충돌 실험용 더미

충돌 실험용 차량에 설치된 더미

에서도 더미는 필수품입니다.

자동차안전연구원과 자동차 업계에 따르면 더미가 최초로 등장한 건 70여 년 전인 1949년으로 알려져 있습니다. '시에라 샘Sierra Sam'이란 이름이 붙은 더미로 미국 공군 전투기의 비상 탈출용 좌석 시험을 위해 처음 사용됐다고 하는데요.

이전까지 미 공군의 시험에는 자원자들을 중심으로 사람이 직접 참여했으며, 시험 때마다 참가자들이 각종 크고 작은 상처를 입는 등 부작용이 많았다고 합니다. 그래서 이를 대신해 개발된 것이 시에라 샘인데요.

비슷한 문제를 안고 있던 자동차 업계도 1950년부터 시에라 샘을 본뜬 자동차 충돌시험 전용 더미인 VIP 시리즈를 제작해 본격적으로 사용했다고 합니다. 그런데 자동차 업계에서는 언제부터 충돌실험을 해왔을까요?

일반적으로 1899년 2월 영국 런던에서 자동차 탑승자 2명이 목숨을 잃은 교통사고가 계기가 됐다고 하는데요. 앞서 자동차에 부딪혀 보행자가 숨진 사례는 몇몇 있었지만, 탑승자가 사망한 경우는 처음이다 보니 자동차 제조사들로서도 촉각을 곤두세울 수밖에 없었습니다.

그래서 자동차 제조사들은 부족한 안전장치에 대한 연구를 위해 실제 상황과 같은 충돌시험을 하게 됐다고 하는데요. 하지만 충돌이 운전자와 탑승자에게 어떤 충격을 주는지 확인하는 방법이 고민이었습니다.

사람을 직접 태우기는 너무 위험했기 때문에 결국 찾은 방법이 해부용 시체인 '카데바Cadavers'였는데요. 카데바를 운전석에 태워 각종 시험을 진행했으며, 충돌 뒤 신체 부상 정도를 알기 위해 주로 몸에 상처가 없는 백인 남성의 시체를 사용했다고 합니다.

그러나 시체를 이용하는 건 비윤리적이라는 비난이 일면서 중단됩니다. 이후 대체품으로 찾아낸 게 살아 있는 동물로 사람과 체구가 비슷한 침팬지나 곰, 가격이 싸고 구하기 쉬운 돼지 등이 사용됐다고 하는데요.

이 역시 윤리적 문제로 논란이 일었고, 그 해결 방법으로 개발된 게 시에라 샘을 선두로 한 더미입니다. 성능이 제한적이었던 초기 모델에서 진일보한 더미가 1971년 미국의 자동차 제조사인 제너럴모터스**GM**가 개발한 '하이브리드 1'인데요.

키 178cm, 무게 78kg으로 미국 성인 남성의 평균 체격과 비슷한 '하이브리드 1'은 내구성이 훨씬 높고, 실제 사람의 척추와 허리뼈 같은 골격계를 잘 구현했다는 평가를 받았다고 합니다. 더미는 하이브리드 2, 3 시리즈를 거듭하며 성인 남성뿐만 아니라 여성·어린이·영유아용까지 제작됐는데요.

현재 사용되는 더미 중 최신형은 '토르**Thor**'입니다. 북유럽 신화에 나오는 천둥과 전쟁·농업의 신과 같은 이름인데요. 목 부위에 사람의 근육과 비슷한 저항이 추가됐고, 센서도 기존 50개보다 훨씬 많은 125개가 설치돼 더욱 정밀한 충격 측정이 가능하다고 합니다.

또 베이지색 고무로 만든 인조 피부로 사고 발생 때 피부에 생기는 상처의 정도까지 측정할 수 있는데요. 복부 등 다양한 부위에 충격 측정 센서를 장착해 피부의 상해, 출혈량, 신경계 손상 여부, 뇌의 상태까지 확인 가능하다고 합니다.

한 해 평균 100회가량의 충돌시험을 하는 자동차안전연구원에서도 토르와 하이브리드 3 등 다양한 종류의 더미 45세트를 보유하고 있는데요. 용도에 따라 정면·측면·후방 충돌용 등으로 구분되며, 성인 남성은 물론 어린이·고령자·임신 여성 더미도 있습니다.

대부분 더미의 가격은 본체만 3억 원이고, 측정 센서를 포함하면 5억 원을 넘는다고 하는데요. 신형 더미인 측면 충돌용 토르**THOR 표준 남성**는 무려 13억 원에 달합니다. 참고로 현대차그룹이 보유한 더미는 27종, 170세트 규모로 알려져 있습니다.

연구원 관계자는 "신형일수록 최신 센서 덕에 생체 충실도**인체 유사성**가 높고, 계측 부위가 많으며 데이터 취득 장치가 더미 내부에 내장된 형태"라고 설명합니다. 반면 구형 더미는 계측 부위가 많지 않고, 데이터 취득 장치가 따로 분리돼 있다고 하는데요. 그래서 시험 때 더미 내 센서와 데이터 취득 장치를 잇는 연결선을 여럿 꽂아야 합니다.

더미는 세계적으로 미국 회사 휴머네틱**Humanetics**의 제품이 가장 널리 사용되며 일부 더미는 독일과 스위스, 일본 회사에서도 제작한다는 설명입니다. 그럼 충돌시험에 사용돼 손상된 더미는 폐기 처분을 할까요? 답은 "아니다"입니다.

자동차안전연구원의 경우 1992년에 처음 더미를 도입한 이후 지금까지 폐기한 더미는 없다고 하는데요. 연구원 관계자는 "더미는 특성상 일정 횟수 시험이 완료될 경우 부품 교체 및 교정시험을 통해서 계속 사용이 가능하다"고 말합니다. 또 자동차안전도평가**NCAP**나 자동차안전기준 개정으로 용도가 다한 더미는 전시용으로 쓴다고 하네요.

100년 전에도 '전동 킥보드' 있었다…
몇 년 못 가 사라진 이유는

고라니처럼 시도 때도 없이 갑자기 튀어나온다고 해서 '킥라니'라는 오명까지 붙은 전동 킥보드 사고가 좀처럼 줄지 않고 있습니다. 전동 킥보드를 타다 넘어져서 크게 다치거나, 보행자를 치어 숨지게 하는 사고가 이어지고 있는데요.

한국도로교통공단의 개인형 이동장치PM, Personal Mobility 교통사고 통계만 봐도 그 심각성은 확연히 드러납니다. PM은 대부분이 전동 킥보드이며, 관련 사고통계는 2017년부터 공식집계가 시작됐는데요. 최근 5년간 2019~2023년을 따져보면 2019년 447건이던 PM 교통사고는 2023년에는 2,389건으로 5.3배나 됐습니다. 사망자도 8명에서 3배인 24명으로 늘었는데요.

사고도 문제지만 전동 킥보드의 인도 주행·난폭운전으로 인한 시민 불편과 불만도 상당합니다. 이 때문에 정부는 지난 2021년 도로교통법을 개정해 만 16세 이상, 제2종 원동기 장치 이상의 운전면허증 보유자만 전동 킥보드를 탈 수 있게 했습니다. 또 인도 주행을 금지하고, 승차

인원을 초과해서 탑승하거나 안전모를 쓰지 않으면 범칙금을 부과토록 했는데요.

하지만 관련 연구를 보면 전동 킥보드 이용 행태는 별반 달라지지 않은 모양새입니다. 한국교통안전공단이 2023년 7월 서울·부산·인천·대구·대전·광주·세종시와 경기·경남 등 9개 시도의 전동 킥보드 3,000여 대를 대상으로 주행 실태 현장 조사를 했더니 인도로 다니거나

횡단보도 부근에 세워져 있는 전동 킥보드

안전모를 쓰지 않는 사례가 더 늘어난 것으로 나타났습니다.

사실 전동 킥보드 문제는 비단 우리나라에서만 심각한 건 아닌데요. 프랑스 파리에서는 공유 전동 킥보드의 인도 주행과 무단 방치, 그리고 연이은 사고로 인해 시민 불만이 커지자 주민투표를 거쳐 2023년 10월부터 공유 전동 킥보드를 완전히 퇴출했습니다.

일본에서도 2022년 50대 남성이 야간에 전동 킥보드를 타다가 넘어지면서 머리를 다쳐 목숨을 잃는 사고가 발생했습니다. 이렇게만 보면 전동 킥보드를 둘러싼 국내외의 논란이 시작된 건 10년 이내로, 그리 오래되지 않은 것처럼 생각할 수 있는데요.

그러나 전동 킥보드를 둘러싼 사회적 논란은 의외로 100여 년을 거슬러 올라갑니다. 1915년 미국에서 첫선을 보인 '오토페드Autoped'가 바로

그것인데요. 외양과 기능이 지금의 전동 킥보드와 거의 흡사합니다. 배터리로 전기모터를 돌려서 달리는 현재의 전동 킥보드와 달리 앞바퀴 쪽에 155cc 용량의 휘발유 엔진을 부착한 점이 다른데요.

관련 기록들에 따르면 최대 속도는 시속 30~50km가량이었고, 주행 거리도 50~100km 정도였다고 전해집니다. 당시 판매가격은 100달러로 자전거보다 훨씬 비쌌지만 작고 날렵한 모양새와 성능 덕분에 제법 큰 관심을 모았다고 하는데요.

여성들이 단거리 이동을 위해 타는 경우도 많았고, 기업 차원에서 도입한 사례도 있었습니다. 미국 뉴욕의 우체국에서 우편물 배달을 위해 오토페드를 활용한 게 대표적인데요. 하지만 오토페드는 미국에서 출시된 지 6년 만인 1921년에 생산이 중단됐습니다.

또 독일의 크루프사가 1919년부터 오토페드를 만들기 시작했지만 역시 얼마 안 지난 1922년에 단종했는데요. 오토페드가 혁신적인 등장에도 불구하고 단명한 이유로는 ① 자전거보다 훨씬 비싼 가격, ② 앉는 자리가 없는 불편함 등이 우선 거론됩니다.

여기에 시선을 끄는 또 한 가지 이유가 있는데요. 2024년 초 출간된 『상상을 현실로 만드는 모빌리티 수업』한대희 저, 청어람미디어에 따르면 오토페드가 출시된 1915년부터 일부 이용자의 난폭 운전과 교통안전이 사회문제로 대두했다는 겁니다.

또 비행 청소년들이 범죄를 저지른 뒤 오토페드를 도주 수단으로 사용해 경찰이 애를 먹었다는 기록도 있는데요. "난폭한 청소년 무리가 오토페드로 브루클린, 퀸즈, 맨해튼 자치구를 공포로 몰아넣었다"는 증언도 나옵니다.

종합해보면 가뜩이나 가격 경쟁력과 편의성이 상대적으로 떨어지는 데다 난폭 운전 등으로 인한 사회적 논란까지 커지면서 결국 오토페드는 퇴출의 길로 접어든 셈인데요. 전동 킥보드가 오토페드의 전철을 밟지 않으려면 운전자의 안전 법규 준수, 그리고 안전하게 전동 킥보드를 이용할 공간 마련 같은 노력과 대책이 이어져야만 할 것 같습니다.

서울까지 150km 남았다는데…
고속道와 국도가 다르다?

문제를 하나 내보겠습니다. 경부고속도로 상행선^{서울 방향}에 설치된 이정표에 '서울 150km'라고 적혀 있다면, 이때 서울은 어느 곳을 기준으로 남은 거리를 표시한 걸까요? 아마도 서울 톨게이트를 많이 떠올리실 듯한데요.

정답은 '양재IC'입니다. 정부가 만든 「도로표지 제작 설치 및 관리지침」에 따르면 고속도로의 이정표에 특정 도시까지 남은 거리를 표기할 때는 IC를 기준으로 하게 돼 있습니다. 서울을 놓고 보면 양재IC가 서울로 진입했을 때 처음 만나는 나들목입니다.

참고로 서울 톨게이트는 실제 주소지가 경기도 성남시 분당구 궁내동으로 행정구역상 서울에 위치한 건 아닙니다. 서울처럼 다른 주요 도시에도 고속도로 이정표에 거리를 표시할 때 기준이 되는 IC가 정해져 있습니다.

대전의 경우 경부고속도로 상·하행선 모두 대전IC가 기준점입니다. 또 경부고속도로 하행선에서 부산은 구서IC까지 남은 거리를 표시하게 되는데요. 경부고속도로 상행선에서 하남까지 거리는 하남JCT^{분기점}, 서울춘천고속도로에서 서울은 강일IC를 기준으로 삼는다는 게 한국도로공사의 설명입니다.

같은 도시라도 상행선과 하행선의 기준점이 다른 경우도 있습니다. 대구가 대표적인데요. 경부고속도로 상행선은 동대구IC, 하행선은 북대구IC를 각각 기준으로 합니다. 호남고속도로도 광주까지 남은 거리를 표기할 때 대전 방향은 동광주IC, 순천 방향은 서광주IC까지의 거리를 의미한다고 하네요.

그럼 국도와 지방도에 세워진 이정표는 어떨까요? 이들 도로 역시 「도로표지 제작 설치 및 관리지침」에 따라 이정표에 특정 도시까지 남은 거리를 표시합니다. 그러나 기준점은 전혀 다른데요. 국도와 지방도의 이정표에 적힌 거리는 해당 도시 내 도로원표까지의 최적 거리를 의미합니다.

도로원표는 특정 도시의 출발점이자 종점으로 다른 도시까지의 거리를 재는 기준점입니다. 이때 거리는 상급도로 순으로 도로원표 간 가장 가까운 거리를 합산하고, 섬 지역은 직선거리를 표시합니다. 미국, 프랑스, 일본 등에도 도로원표가 있습니다.

도로법령에 따라 도로원표는

서울 광화문 사거리 인근에 세워진 도로원표

각 시·군에 한 개씩을 설치하게 돼 있습니다. 위치는 ① 광역시청·특별시청·도청·시청·군청 등 행정 중심지, ② 교통 요충지, ③ 그 밖의 역사적 문화적 중심지로 정해져 있습니다. 도로원표는 3단으로 만들고, 높이는 130cm 내외입니다.

국내에는 일제강점기인 1914년에 처음 도로원표가 설치된 것으로 알려져 있습니다. 이후 한국식 도로원표로 새로 바뀐 건 1997년 말인데요. 서울의 도로원표는 세종로파출소^{중구 세종대로} 앞에 놓여 있습니다.

하지만 도로법 시행령에선 서울의 도로원표 위치를 '광화문광장의 중앙'으로 규정하고 있는데요. 도로원표는 세종로파출소 앞에 있지만 실제로 거리를 재는 기준점이 되는 진짜 도로 원점은 광화문광장의 중앙이라는 의미입니다.

법 규정상 실제 위치에 도로원표를 설치하기 어려울 경우 해당 지점에 도로 원점임을 알리는 직경 50cm의 동판^{진표}을 놓고, 인근에 따로 조형물^{도로원표}을 만들 수 있습니다. 이때 다른 곳에 설치한 도로원표에는 원래 있어야 할 위치를 방향과 거리로 표시해야 합니다.

이렇게 놓고 보면 고속도로 이정표에 적힌 '서울 150km'와 국도 이정표에 쓰인 '서울 150km'는 운전자 입장에선 의미가 다른데요. 고속도로에서 남은 거리 150km는 경부선을 예로 들면 양재IC까지 가야 할 거리지만, 국도의 150km는 광화문광장까지 남은 거리인 겁니다.

이정표에 적힌 거리가 동일하다면 국도를 달리는 차량이 고속도로 이용 차량과 비교하면 좀 더 서울 도심에 가까이 접근했다는 의미로 봐도 될 것 같습니다. 고속도로 차량이 서울 도심까지 갈 예정이라면 양재IC에서부터 도심까지 주행거리를 추가해야 할 테니 말입니다.

교통카드에 밀려 퇴출 위기 몰린
시내버스 '현금통'

시내버스 앞문을 통해 승차하다 보면 요금을 내는 두 가지 선택지가 보입니다. 첫째는 교통카드로 요금을 결제하는 '요금 단말기'입니다. 다른 하나는 카드 대신 현금으로 지불하는 '현금통'인데요.

현금통이 시내버스에 언제 처음 등장했는지는 명확하지 않습니다. 분명한 건 1980년대 초까지만 해도 '버스 안내양'이 요금을 받았기 때문에 운전기사 옆에 별도의 현금통은 필요 없었다는 건데요. 참고로 버스 안내양은 1962년 6월 교통부^{현 국토교통부}에서 시내버스와 고속버스 등 노선버스에 '여차장제'를 도입하면서 생겼습니다.

이후 1984년 시내버스에 하차 정류장 안내방송이 시작되고, 하차 벨이 부착되면서 버스 안내양의 입지가 급속히 좁아지기 시작했는데요. 버스 안내양이 공식적으로 사라진 건 1989년 말 여객자동차운수사업법에서 "여객 자동차 운송사업자는 교통부령이 정하는 바에 따라 안내원을 승무하게 하여야 한다"는 조문이 삭제되면서입니다.

서울버스운송사업조합^{이하 조합}에 현금통 도입 시기를 문의해보니 오래

시내버스에 설치된 현금통

된 일이라 관련 자료나 공문은 찾기 어렵다는 답이 왔습니다. 대신 서울 버스업계에 오래 재직했던 관계자에게 확인한 결과, 1982년 8월 시민 자율버스 운행 시도 때로 추정된다고 하는데요.

당시 10개 노선 172대의 버스에서 뒷문을 막아 앞문 승차를 유도하고, 요금도 승객이 직접 지불하는 방식을 시범적으로 운영했다고 합니다. 이때 운전기사 옆에 현금통을 처음 설치했을 거라는 추정입니다. 이어 1984년 11월에 '버스요금 선수제승차 때 요금을 받는 제도'가 실시되면서 전면적으로 요금통이 놓였다는 게 중론입니다.

이렇게 보면 40년 넘는 역사를 가진 시내버스의 현금통이 사라질 위기를 맞고 있는데요. 조합과 서울시가 시내버스의 현금 승차를 폐지하고, 교통카드만 받는 방안을 추진 중이기 때문입니다. 현금 없는 버스는 전체 서울 운행 버스의 25%가량 된다고 하는데요. 대전, 세종 등 일부 지자체도 현금 없는 버스를 확대 중입니다.

서울에 현금 없는 버스가 시범 도입된 건 2021년 10월입니다. 8개 노선, 171대의 버스에서 현금통을 없애고 교통·신용카드로만 승차를 허용했는데요. 현금 승차를 제한하는 이유는 무엇보다 현금을 내는 승객 비율이 1% 미만으로 미미한 데다, 그마저도 해마다 줄고 있기 때문이라고 합니다.

현금 승차 폐지는 서울 시내버스업체들의 숙원사업이기도 한데요. 현금 승차를 유지하면 운전기사가 현금을 받고 거스름돈을 내주는 등 부수적인 업무를 해야 하는 탓에 안전운전에 지장을 줄 수 있다는 주장입니다.

현금 정산도 부담이라고 하는데요. 버스회사마다 매일 서너 명의 직원이 그날 모인 현금통을 열어 돈을 세야 하는 하는데 이런 업무에만 서울 시내버스 전체에서 연간 20억 원가량이 소요된다는 겁니다.

이렇게만 보면 현금 없는 버스의 확대는 별문제가 없는 듯싶은데요. 하지만 자세히 따져보면 얘기가 달라집니다. 우선 현금 승객이 0.6%라고 가정할 때 숫자로 치면 2만 명이나 됩니다. 하루 평균 2만 명이 현금을 내고 버스를 탄다는 얘기인데요.

카드 사용에 익숙지 않은 노인이나 평소 선불카드를 쓰지만 제때 충전하지 못한 승객, 그리고 외국인 등입니다. 이들에게 서울시가 내놓은 대책은 ① 편의점에서 교통카드 구매 및 충전, ② 모바일 교통카드 이용, ③ 버스회사 계좌로 요금 이체 등 세 가지입니다.

현금 없는 버스가 2000년대 들어 유럽을 중심으로 등장한 '현금 사용 선택권'이라는 개념과 배치된다는 지적도 나옵니다. '현금 사용 선택권'은 '현금 결제 선택권'으로도 불리는데요. 한국은행에 따르면 '현금 사용 선택권'은 소비자 의사과 관계없이 지급결제 수단을 선택해야 할 때 현금을 배제하지 않는 것입니다.

영국과 스웨덴 등에선 2000년대 이후 신용카드와 모바일 결제 등 현금을 대신하는 지급 수단 이용이 활성화하면서 취약계층의 금융 소외 및 소비활동 제약 등과 같은 문제점이 발생했다고 합니다. 이런 부작용을 해소하기 위해 등장한 개념이 현금 사용 선택권인데요. 현금을 쉽게 찾을 수 있고, 필수적인 서비스에서는 현금 결제가 가능하도록 보장해주는 내용 등이 포함됩니다.

2020년 한국은행 발권국의 의뢰로 진행된 「현금 결제 선택권 보장 입법 추진 국가의 관련 제도 도입 현황 및 시사점」**현정환 동국대 국제통상학과 교수** 연구 보고서에는 "국내에서 교통·의료보건과 같은 생활에 필수적인 서비스에서도 현금이 적지 않게 이용됨을 알 수 있다"는 내용이 있습니다.

실제로 2018년 한국은행의 통계를 보면 교통비가 현금 지출 품목에서 차지하는 비중은 8.7%나 되는데요. 식료품이 53.1%로 가장 많았고, 의료·보건도 5.5%에 달합니다. 현금 없는 사회만을 추구하다가 대규모 정전 또는 시스템 오류 탓에 카드 결제가 마비되거나, 카드 사용에 따른 대규모 개인정보 유출 가능성도 문제로 지적됩니다.

"어, 중앙분리대가 좌우로 움직이네?" 로드 지퍼의 위력

급한 용무로 차를 운전할 때 내가 가는 방향의 도로는 꽉 막혀 있는데 반대편은 쌩쌩 달리고 있다면 문득 이런 생각이 들기도 할 겁니다. '반대쪽의 여유 있는 차로 하나만 이쪽으로 더 열어주면 잘 뚫릴 텐데'라고 말입니다.

하지만 중앙선이 그려져 있는 데다 아예 콘크리트나 철제로 된 중앙분리대까지 버티고 있는 경우가 많아 실현되긴 어려운 상황입니다. 물론 도로 공사나 음주운전 단속 때 사용하는 '라바콘'을 임시로 세워서 차로를 분리하는 방법도 떠오를 텐데요.

그러나 반대 방향으로 역주행해야 하는 상황에서 라바콘은 유사시 충돌 방지 효과가 거의 없기 때문에 위험합니다. 이럴 때 안전 우려도 줄이면서 교통량에 따라 중앙선중앙분리대을 좌우로 움직일 수 있는 장치나 설비가 있다면 상당히 유용할 텐데요. '로드 지퍼ROAD ZIPPER'가 바로 그런 장치입니다.

로드 지퍼는 이동식 중앙분리대와 이를 이동시키는 특수차량으로 구성되는데요. 도로 가운데 세워진 중앙분리대를 좌우로 움직이는 모습이 마치 옷의 지퍼를 채우는 걸 연상시킨다고 해서 붙여진 이름인 것 같습니다.

국토교통부 대도시권광역교통위원회^{대광위}에 따르면 로드 지퍼는 미국에서 많이 활용 중인데요. 막대한 사업비나 여유 부지 부족 등으로 인해 차로 확장이 어려운 지역의 도로나 교량에서 출퇴근 시간대에 많이 쓰입니다. 또 여러 명이 탑승한 차량만 다닐 수 있는 'HOV^{High - Occupancy Vehicle} 차로' 운영에도 사용됩니다.

예를 들어 편도 3차선, 왕복 6차선인 도로에서 출근 시간 때 동쪽 방향에, 반대로 퇴근 시간대에는 서쪽 방향에 차량이 몰려 정체가 빚어질 경우 이동식 중앙분리대의 위치를 옮겨 차량이 집중되는 방향에 차로 하나를 더 만들어주는 방식입니다.

이렇게 차로가 하나 더 열리면 차량 정체가 상당 부분 줄어들 수 있을 텐데요. 이미 중앙분리대가 고정된 도로에서는 이동식 중앙분리대를 길 한편에 놓아두었다가 필요할 때 임시로 설치하고, 다시 치워두는 방식을 쓰기도 합니다.

그런데 이렇게 쉽게 이동시킬 수 있는 중앙분리대라면 유사시 차량 충돌 등에 취약하지 않을까 하는 우려가 있을 것 같은데요. 실제로 중량 1,300kg짜리 차량이 시속 80km로 달리면서 이동식 중앙분리대에 부딪히는 실험을 했더니 분리대가 약간 움직일 뿐 별 손상이 없는 것으로 확인됐습니다.

국내에서도 로드 지퍼를 도입하려는 움직임이 있었습니다. 대광위가 구상하던 첨단 급행 버스 시스템인 'BTX^{Bus Transit eXpress}'에 활용하기 위해서였는데요. BTX는 전용차로를 통해 신속하게 승객을 운송한다는 측면에서는 간선급행 버스체계**BRT**와 유사하지만, 목적지가 도심 내 주요 지역이 아닌 전철역 등 환승센터라는 점이 다릅니다.

남양주나 구리 등 경기도 동부권을 예로 들면 BTX가 서울 도심이나 강남까지 가지 않고 서울지하철 2호선 강변역까지만 운행하고, 승객들은 이곳에서 목적지까지 다시 지하철로 환승하는 방식입니다.

여기서 관건은 강변역까지 어떻게 빠르게 이동하느냐인데요. 이미 출근 시간대에는 서울로 향하는 강변도로와 인근 도로가 모두 극심한 정체를 빚고 있습니다. 반면 경기도로 가는 방향은 상대적으로 여유가 있는데요.

이때 로드 지퍼 같은 장치가 있다면 경기도 방향의 강변북로 중 한 차로를 BTX 전용차로로 만들어 달릴 수 있다는 겁니다. 이렇게 출근 시간에만 BTX 전용차로를 임시로 만들어 남양주 수석IC에서 강변북로를 거쳐 강변역까지 달리면 버스 통행시간이 절반 가까이 줄어들 수 있다고 하는데요.

하지만 로드 지퍼는 여러 난관에 부딪혀 아직 실현되지는 못했습니다. 우선 사업비가 만만치 않습니다. 로드 지퍼는 미국에서 수입해야 하는데 차량 가격만 40억 원쯤 됩니다. 이동식 중앙분리대 가격도 10km 길이의 경우 500억 원가량이 소요된다고 하네요.

당시 BTX가 전용 구간을 달린 뒤 환승센터로 진입할 때 차로를 여러 번 변경해야 하기 때문에 이로 인해 발생하는 교통 체증을 어떻게 해소하느냐도 숙제로 지적됐는데요. 자칫 승용차 운전자들의 거센 반발을 불러올 수도 있기 때문입니다. 로드 지퍼를 국내에서 보려면 이런 난제를 푸는 게 우선인 것 같습니다.

노선버스와 택시 장점 합쳤다…
DRT가 요즘 주목받는 까닭

DRT^{Demand Responsive Transport}는 영어 뜻 그대로 승객 요청^{수요}에 따라 운행 노선과 시간이 정해지는^{응답} 교통수단입니다. 시내버스가 정해진 노선을 따라 일정한 시간 간격을 정해 달리는 반면, DRT는 승객들의 호출을 받아서 그때그때 최적의 운행 노선을 구성해 운행하는 게 특징인데요.

군이 따지자면 노선버스와 택시의 중간 형태쯤인 셈입니다. 중대형 버스 대신 승용차와 택시, 승합차, 미니버스까지 다양한 차종을 활용할 수 있기 때문에 상대적으로 효율적인 운영과 비용 절감이 가능하다고 하는데요.

한 교통전문가는 "DRT는 수요가 적어 고정적인 노선버스 운영이 어려운 지역에서 효율적이며 경영관리 측면도 유리하다"고 설명합니다. 승객 입장에서는 노선버스 역할을 대신하면서도 비용은 택시보다 훨씬 저렴하다는 장점이 있습니다.

앞서 해외 여러 나라가 DRT를 도입한 것도 이 때문인데요. 그리스, 스페인 등 유럽과 호주, 미국, 일본 등에서 대중교통 수입 감소 및 비용 증가로 인한 비효율성 개선과 교통불편 지역의 이동권 확보를 위해 DRT를 운영하고 있다고 합니다.

국내에서도 DRT 도입 논의는 오래전부터 있었지만 실제로 등장한 건 2012년 충남 아산시가 내놓은 '마중택시'가 처음으로 알려져 있습니다. 버스 이용이 어려운 오지 주민의 불편을 덜기 위해 도입한 '마중택시'는 흔히 '100원 택시'의 시초로도 불리는데요.

전화로 요청하면 마을에서 일정 거리의 버스정류장까지 주민을 태워주고 탑승 인원에 상관없이 대당 100원의 요금만 받았기 때문입니다. 정상 요금과의 차액은 아산시가 추후 택시회사에 지급하는 구조입니다. 마중택시에 호평이 이어지면서 여러 지자체에서 부름택시, 섬김택시, 행복택시, 으뜸택시, 희망택시 등 다양한 명칭으로 유사한 서비스를 시작했는데요.

요즘엔 스마트폰의 해당 애플리케이션에서 원하는 승·하차 정류장을 선택해 호출하면 인근에 있는 DRT 차량미니버스이 자동 배차돼 승객을 태우는 방식으로까지 진화했습니다. 세종시·경기도 등의 '셔클', 인천 지역의 'I-MOD아이모드' 같은 여러 브랜드가 있는데요.

현실적으로 DRT가 장점만 있는 건 아닙니다. 자칫하면 기존 버스보다 효율성은 떨어지면서 비용만 더 들 수도 있기 때문인데요. 실제로 인천연구원의 보고서를 보면 송도와 영종도에서 2022년 말까지 2년간 운행된 I-MOD는 월평균 1억 3,000만~1억 4,000만 원의 적자를 기록했습니다. 16인승 미니버스 I-MOD 이용 요금은 당시 1,800원이었습니다.

또 송도와 영종도, 계양, 검단 등 4곳에서 운영된 I-MOD의 시간당 재차 인원은 0.12명에 불과한 것으로 조사됐습니다. 게다가 동일지역에서 하루 평균 80만 명을 수송하는 노선버스에 인천시가 주는 지원금이 승객 1인당 연간 25만 원가량인데 반해, 일 평균 673명을 운송하는 I-MOD에 대한 지원금은 승객 1인당 연간 594만 원으로 버스보다 24배나 많았는데요.

이 때문에 인천시는 송도와 영종도의 I-MOD 운영을 중단했습니다. 차라리 해당 지역에 버스노선 신설과 증차 같은 별도 대책을 추진하는 게 낫다고 판단했다고 합니다.

DRT 업체와 해당 지자체의 준비 상태에 따라 서비스 품질이 천차만별이라는 지적도 있는데요. 시간대별로 차이가 큰 수요에 적절히 대응하기 위해서는 높은 기술력과 노하우가 요구되기 때문입니다. 안 그러면 필요할 때 제대로 배차가 안 돼 불만이 커질 수밖에 없습니다. 그리고 DRT가 급속히 확대될 경우 기존 버스·택시업계와 충돌이 생길 가능성도 염두에 둬야 할 것 같습니다.

신호 없는 횡단보도…
달리던 차를 멈추게 하는 이 '손짓'

보행자 보호의무를 대폭 강화한 도로교통법 개정안이 2022년 7월 중순부터 시행됐습니다. 이에 따르면 어린이보호구역스쿨존에선 신호등이 없는 횡단보도라도 길을 건너는 사람이 있든 없든 모든 차량은 무조건 일시 정지해야 합니다.

무엇보다 가장 큰 변화는 보행자가 횡단보도를 건너려고 하는 때에도 자동차에 일시정지 의무를 부여한 것인데요. 이전까지는 횡단보도를 건너는 사람이 있을 때만 잠시 정차하면 됐지만, 앞으로는 횡단보도 안팎에 행인이 보이면 일단 차를 멈춰야 한다는 얘기입니다. 이를 위반했다가 적발되면 범칙금 6만 원승용차 기준에 벌점 10점이 부과되고 보험료도 오르는데요.

이처럼 횡단보도에서 보행자 보호의무를 이례적으로 강화한 배경엔 이런 조사 결과들이 있습니다. 지난 2019년 8월 한국교통안전공단이 청주시와 대전시의 왕복 4차로에서 이틀간 신호등 없는 횡단보도에서 길을 건너려는 보행자를 위해 정지한 차량의 비율을 확인해봤는데요.

조사는 제한속도가 시속 30km인 도로와 50km인 도로로 나누어 시행했고, 별도의 차량·보행 신호등이 없는 횡단보도가 대상이었습니다. 결과는 충격적이었는데요. 제한속도가 시속 30km인 도로에서는 무신호 횡단보도를 건너려는 40번의 시도 중에서 차량이 멈춰선 경우가 8번 **20%**이었습니다.

하지만 시속 50km인 도로에선 40번의 시도 가운데 단 한 차례만 차량이 멈췄습니다. 이 때문에 길을 건너기 위해 걸린 시간이 평균 37.3초나 됐는데요. 양보하는 차량이 거의 없는 탓에 접근하는 차가 모두 지나갈 때까지 기다렸다가 건너야 했기 때문입니다.

2021년 4월 진행한 조사 역시 결과는 별반 다르지 않았는데요. 서울 종로구의 진출입로와 단일로, 어린이보호구역 등 5곳의 보행 신호등이 없는 횡단보도에서 행인이 길을 횡단하려고 할 때 멈추는 차량의 비율을 따져봤습니다.

이에 따르면 총 185차례 길을 건너고 있거나 건너려고 시도하는 동안 보행자를 위해 운전자가 정차한 사례는 8회**4.3%**에 그쳤습니다. 특히 왕복 2차로의 단일로에 있는 무신호 횡단보도에서는 길을 건너려는 행인이 있는데도 79대의 차량 모두 일시정지를 하지 않았는데요.

게다가 초등학교 앞 도로에서도 보행자를 위해 차를 멈추는 경우가 36대 중 2대에 그쳤다고 합니다. 실태가 이렇다 보니 보행자가 횡단보도 부근에 보이기만 해도 차량은 무조건 일시정지 하도록 법 규정을 강화한 겁니다.

실제로 미국, 캐나다 등 선진국에서는 횡단보도 근처에 행인이 나타나면 대부분 차가 멈춰 서고, 보행자가 길을 다 건널 때까지 기다리는 장면을 흔히 볼 수 있습니다. 그런데 바뀐 법 규정을 따르려고 보니 현장에

선 적지 않은 혼란이 생겼
는데요. 운전자 입장에서
보행자가 횡단보도를 건
너려는지를 제대로 판단
하기 어렵다는 호소가 많
았습니다.

보행자가 신호등 없는 횡단보도에서 손을 들자 멈춰선
승용차   출처 : 한국도로교통공단

　이런 상황에서 경찰청
산하기관인 한국도로교통공단이 2022년 8월 말과 9월 초 서울역 부근
의 한 무신호 횡단보도에서 실시한 실험이 주목받았습니다. 두 차례에
걸쳐 각각 50번씩 횡단보도를 건널 때 차량이 일시정지하는지를 살폈는
데요.

　우선 보행자가 별다른 의사표시 없이 길을 건너려고 했을 때는 50대
중 17대34%만 멈춰 섰습니다. 하지만 보행자가 길을 건너겠다는 의미로
손을 어깨높이 정도까지 들어 올리자 결과는 크게 달라졌는데요. 무려
44대88%가 일시정지한 겁니다. 손을 들고 안 들고에 따라서 일시정차율
이 50%p 넘게 뛰어오른 셈입니다.

　비결이 뭘까요? 도로교통공단 관계자는 "보행자의 가벼운 손짓은 운
전자로 하여금 자연스럽게 브레이크를 밟도록 하는 일종의 '넛지Nudge'
효과를 유도할 수 있다"며 "강요에 의한 행동 변화와 달리 자연스러운
행동 유도는 운전자의 거부감도 줄이게 된다"고 설명합니다.

　만남과 소통에서 시각·청각 이미지가 중요하다는 '메라비언의 법칙'
을 인용해 설명하기도 하는데요. 미국 캘리포니아대학 로스앤젤레스
캠퍼스UCLA의 심리학과 명예교수인 앨버트 메라비언이 1971년 발표한
것으로 한 사람이 상대방으로부터 받는 이미지는 시각이 55%, 청각이

38%이고 언어는 7%를 차지한다는 내용입니다.

손을 들어 올리는 적극적인 시각적 의사 표시가 그만큼 효과를 낼 수 있다는 의미로 해석되는데요. 이러한 실험을 계기로 도로교통공단에서는 횡단보도에서 손을 올려 길을 건너겠다는 의사를 밝히는 '손짓 캠페인'을 시작했습니다. 보행자와 운전자 모두 이러한 캠페인을 명확히 인지하게 되면 무신호 횡단보도에서의 안타까운 사고도 크게 줄어들 것 같습니다.

국민 67%가 딴 운전면허…
111년 전 조선총독부가 첫 도입

'3,470만 명'

2024년 기준 '운전면허'를 가지고 있는 우리 국민의 숫자입니다. 1종 대형·특수·보통 면허는 물론 2종 보통·소형과 원동기장치자전거 면허까지 모두 합한 건데요. 비율로 따지면 우리 국민2024년 기준, 5,175만 명의 67%에 해당합니다. 국민 10명 중 거의 7명꼴로 운전면허를 딴 셈입니다.

한때 서울 시내 운전면허 시험장에 응시자가 너무 많이 몰린 탓에 조금이라도 일찍 시험이 가능한 다른 지역의 시험장을 찾아 나서는 사례가 많다는 소식이 화제가 되기도 했습니다. 또 시험이 어려워진다고 알려지면 그전에 서둘러 면허를 따려는 사람들로 운전면허학원과 시험장이 북새통을 이루기도 했는데요.

이처럼 사연이 적지 않은 자동차 운전면허의 역사는 무려 100년이 넘는, 일제강점기이던 1915년 7월로 거슬러 올라가는데요. 당시 조선총독부가 '자동차 취체규칙'을 제정하면서 지금의 운전면허와 같은 제도를 처음 도입한 겁니다. 참고로 '취체'는 규칙, 법령, 명령 등을 지키도록 통제한다는 의미입니다.

이 규칙에서는 운전하려는 자는 본적·주소·성명·생년월일 및 이력서를 구비해 거주지 관할 경무부장에게 신고하고, 신청이 있는 때는 기술시험을 치러 합격한 자에게 '자동차운전허가증'을 교부하도록 규정하고 있는데요. 기술시험은 현행 기능시험에 해당합니다.

경찰청이 2003년에 발간한 「도로교통 관련법령의 변천사」^{이하 변천사}에 따르면 이 같은 자동차 취체규칙이 제정된 건 자동차 보유 대수가 증가함에 따라 자동차 검사에 관한 사항, 면허시험과 취업, 통행의 금지와 제한 등 교통안전과 질서에 대한 규정이 필요했기 때문이라고 하는데요. 현행 도로교통법령과 자동차관리법령 및 운수사업법령의 근거가 되는 법령이라는 평가입니다.

1922년에는 운전면허시험이 기술시험과 필기시험으로 세분됐는데요. 필기시험에서는 기계구조와 연료에 관한 일반개념, 자동차 단속 관계법령에 대한 문제가 출제됐다고 합니다. 도로운전 시험은 가설^{장내 기능}시험과 현장^{도로}시험으로 구분했으며, 가설시험은 8자형의 원형과 굴절노선에서 3회 이내 방향 전환 등을 해야 했습니다.

도로시험은 평탄한 도로에서의 고속과 저속 운전, 경사로와 교량처럼 운전 시 주의를 필요로 하는 도로 위 운전 등을 평가했는데요. 이렇게 보면 요즘 시험과 별 차이가 없어 보입니다. 1934년에는 운전면허가 보통·특수·소형 면허로 나뉘었고, 무면허 운전 금지 규정도 마련됐습니다. 또 18세 미만이거나 맹인 등은 운전면허를 딸 수 없도록 했습니다.

그런데 자동차에 한정하지 않고 사람을 목적지까지 태워다 주는 운송업 측면에서 보면 관련 자격증이 처음 등장한 건 1908년 8월에 발표된 '인력거영업단속규칙'이라고도 할 수 있는데요. 변천사에 따르면 당시 인력거는 자전거 바퀴와 유사한 큰 바퀴 위에 사람이 타는 자리를 만들고 포장을 둘러씌운 형태로 제작됐습니다.

1896년께 일본인 다카야마 코스케 등이 서양 마차를 본떠서 만들었다고 알려져 있는데요. 우리나라에는 고종 31년인 1894년 하나야마라는 일본인이 인력거 10대를 수입해 영업했으며, 인력거꾼도 처음엔 모두 일본인이었다가 점차 한국인으로 바뀌었다고 합니다. 당시엔 승객이

해외에서 사용하는 국제운전면허증　　출처 : 한국도로교통공단

대부분 일본인이거나 일본인 기생, 한국인 유지 등이었다고 알려져 있습니다.

이 같은 인력거 숫자가 점차 늘어나면서 급기야 인력거영업단속규칙이 제정된 건데요. 여기선 인력거꾼의 자격 기준을 18세 이상 60세 미만의 신체 건강한 남자로 정하고 있습니다. 이후 일제강점기인 1914년에는 신체 건강하고, 타인에게 혐오감을 주거나 전염성 질환이 없는 18세 이상 남자로 좀 더 구체화하게 됩니다.

인력거꾼은 본적·주소·성명 및 생년월일을 구비해 경찰서장에게 신청하고, 직접 경찰에 출두해서 감찰^{취업 허가증}을 받도록 하는 규정도 마련됐습니다. 참고로 광복 뒤에도 이어지던 인력거꾼 자격과 운행 등에 관련한 법령은 1961년 5월에야 폐지됩니다.

대한민국 건국 이후 자동차 운전면허제도가 구체화한 건 1961년 말에 도로교통법이 제정되면서라고 하는데요. 운전면허가 없는 사람은 자동차를 운전할 수 없도록 하는 규정이 포함됐습니다. 또 1972년엔 교통안전교육 제도 도입과 국제운전면허증 교부 절차 마련 등 두 가지 큰 변화가 있었습니다.

경찰청 산하기관으로 운전면허시험과 관련 제도 운용을 담당하고 있는 한국도로교통공단에 따르면 현재 우리나라에서 발급된 국제운전면허증을 사용할 수 있는 국가는 100개국이 넘는다고 하네요. 1995년부터는 종전에 운전면허시험장에서만 딸 수 있었던 운전면허를 운전 전문학원에서도 취득할 수 있도록 제도가 바뀌었습니다.

1997년에는 한때 폐지됐던 도로주행시험이 부활합니다. 2022년에는 실물 면허증 대신 스마트폰에 운전면허증을 저장해서 사용하는 '모바일 운전면허증' 제도도 도입됐는데요. 이렇게 보면 100여 년 사이에 운전면허를 둘러싸고 참으로 많은 변화와 사연이 있었던 걸 알 수 있습니다.

　최근에는 노인 운전의 위험성이 부각되면서 면허 반납이나 제한 같은 방안을 두고 논란이 일고 있는데요. 고령 운전자의 인지기능과 반사 능력이 떨어지면서 사고 위험이 커진다는 지적들이 나오고 있는 건데요. 하지만 같은 고령자여도 신체와 인지 능력이 다른 만큼 일률적인 제한보다는 정교한 검사와 평가를 통해 유연한 대응을 하는 게 필요해 보입니다.

사고 줄인다던 회전교차로,
매년 사고 1,000건… '이것' 모르기 때문?

국내에 '회전교차로**Roundabout**'가 본격적으로 도입된 건 2010년부터입니다. 이전부터 회전교차로를 운영 중인 곳이 일부 있긴 했지만, 당시 국토해양부**현 국토교통부**가 회전교차로 설계지침을 마련하면서 국도와 지방도 등에 회전교차로를 만들기 시작한 게 계기였다고 하는데요.

2010년에 전국적으로 108개였던 회전교차로 수는 2,500여 개 이상으로 늘었습니다. 무려 23배가 넘는 수치인데요. 회전교차로는 1920년대 영국에서 그 개념이 생겼고, 이후 1960~1970년대 본격 도입됐다는 게 정설입니다. 현재 회전교차로는 유럽은 물론 미국, 일본, 호주 등 많은 나라에서 활용되고 있는데요.

미국에서 개발된 기존의 로터리**Rotary**가 교차로 진입 차량에 통행우선권을 주는 반면, 회전교차로는 회전 중인 차량에 우선권이 있다는 게 가장 큰 차이점입니다. 회전교차로는 신호등이 없어 전기요금 등 유지비가 적게 드는 데다 불필요한 신호대기가 없기 때문에 차량 흐름이 원활하다는 게 장점으로 꼽힙니다.

또 무신호 상태에서 회전해야 해서 상대적으로 속도를 줄이고, 다른 차량을 더 신경 쓰면서 운전하기 때문에 다른 교차로보다 사고가 적다는 효과도 거론되는데요. 실제로 국토부와 경찰청 등에 따르면 회전교차로 설치 뒤 교차로 내 사망사고가 70% 넘게 줄었고, 통행시간은 18%가량 단축됐다고 합니다.

이렇게만 보면 회전교차로를 계속 더 늘려나가는 게 여러모로 교통 소통과 안전 측면에서 좋아 보이기도 하는데요. 그러나 회전교차로를 바라보는 정부 입장에선 고민거리도 있습니다. 바로 회전교차로 내 교통사고가 매년 1,000여 건씩 발생하고 있다는 건데요.

2022년만 해도 크고 작은 충돌사고가 1,402건이나 됐습니다. 그렇다면 사고 감소 효과가 크다는 회전교차로 내에서 왜 사고가 끊이지 않는 걸까요? 바로 운전자들이 회전교차로 통행 방법을 정확히 모르거나 지키지 않기 때문이라는 게 정부의 판단입니다.

한국교통연구원이 2023년 6월 서울과 대구, 세종, 횡성, 제주에서 만 19세 이상 성인 남녀 운전자 1,500명을 대상으로 개별 면접 조사와 온라인 조사를 실시한 결과를 보면 이러한 분석에 수긍이 가는데요.

회전교차로 통행 방법을 얼마나 잘 알고 있는지 물었더니 "매우 잘 알고 있다"는 답변은 35.6%에 불과했습니다. "대략 알고 있다"가 62.4%로 가장 많았고, "거의 모른다"는 2.0%였습니다. 그러니까 사실상 정확히 모른다는 답변이 64.4%나 된 셈인데요. 운전자 10명 중 6명 이상에 해당하는 수치입니다.

회전교차로가 본격 도입된 지 15년가량 된 상황에선 문제가 아닐 수 없는데요. 그만큼 통행 방법에 대한 교육과 홍보가 부족했다는 의미이기도 합니다. 지난 2021년 말 도로교통법을 개정해 회전교차로 통행 방

올바른 회전교차로 통행 방법

출처 : 국토교통부

법을 새로 명확히 넣은 것도 같은 맥락이란 해석입니다.

새로 들어간 조항의 주요 내용은 첫째 '모든 차의 운전자는 회전교차로에서 반시계방향으로 통행해야 한다'입니다. 둘째는 '모든 차의 운전자는 회전교차로에 진입하려 할 때 서행 또는 정지해야 하며, 이미 회전 중인 차가 있으면 그 차에 양보해야 한다'입니다.

사실 이 두 가지만 확실히 기억해도 사고를 줄이고, 회전교차로의 장점을 더 높일 수 있을 텐데요. 회전교차로의 통행 방법을 정리하자면 크게 네 단계로 나눌 수 있는데요. 우선 회전교차로에 접근하는 단계에서는 반드시 서행합니다. 그리고 좌회전하려는 차량은 안쪽 차로를, 우회전할 차량은 바깥쪽 차로를 선택합니다.

진입 단계에서는 먼저 회전 중인 차량에 우선권이 있다는 걸 명심해야 합니다. 진입 전에 서행하거나 정지해서 회전 중인 차량이 있는지 살피고, 해당 차량이 있다면 먼저 지나갈 때까지 기다린 뒤 들어갑니다. 이를 어기고 무리하게 진입하다가 회전 중인 차량과 충돌사고를 낼 경우 과실 비율이 최대 80%에 달할 수도 있다고 하네요.

그리고 일단 회전교차로에 진입하면 멈추지 말고 서행하면서 목적한 방향대로 빠져나가면 됩니다. 이때 버스와 화물차 같은 대형 차량은 회전교차로 내 화물차 턱 구간을 이용해서 인근 차선을 침범하지 않도록 하는 게 필요합니다. 또 진입할 때는 좌측 깜빡이를, 나올 때는 우측 깜빡이를 켜야 합니다.

"놀랍다, 운전기사보다 잘해" 안전요원 없이도 다니는 中 로봇택시

2024년 8월 13일 오후 중국 광저우시 난사구에 위치한 자율주행기업 '포니에이아이pony.ai'의 허브를 방문했습니다. 포니에이아이가 광저우에서 시범운행 중인 100여 대의 자율주행 로봇택시를 관리·점검하고 운영하는 차량기지 같은 곳인데요. 허브 건물 안팎엔 로봇택시와 대형 로봇트럭 수십 대가 줄지어 서 있었습니다.

포니에이아이는 구글과 바이두 등에서 엔지니어로 일했던 제임스 펑이 2016년 미국 실리콘밸리에서 공동 설립한 회사로 본사를 광저우에 두고 있는데요. 광저우를 비롯해 베이징·상하이 등에서 약 300대의 로봇택시를 시범운영 중이며, 로봇트럭도 200여 대가량 된다고 합니다.

이 회사가 운영하는 로봇택시는 자율주행 단계 중 최고 수준인 레벨 5 바로 아래인 레벨 4로 평가받고 있는데요. 대부분 상황에서 자율주행이 가능하고, 특정 조건에서만 운전자가 개입하는 수준입니다. 이 회사의 허브에는 라이다가 택시 갓등처럼 도드라져 보이는 형태의 5세대 로봇택시와 라이다를 내장형으로 설치해 일반 차량과 흡사한 6세대 로봇택시가 뒤섞여 있는데요.

마침 6세대 로봇택시를 시승할 기회를 얻었습니다. 일본산 토요타 차량의 외부에 카메라가 여러 대 부착돼 있고, 지붕에는 라이다가 설치돼 있었는데요. 물론 차량 내부에는 라이다와 카메라를 통해 수집되는 정보를 바탕으로 자율주행을 담당하는 인공지능[AI] 컴퓨터도 탑재돼 있습니다.

탑승 전에 운전석을 살펴보니 진짜로 운전기사는 물론 안전요원도 없었습니다. 바로 옆 보조석에는 큼지막한 포니에이아이의 캐릭터 인형만 놓여 있었고요. 현지에서 스마트폰에 전용 모바일 앱을 설치한 뒤 호출하면 저렴한 비용으로 로봇택시 이용이 가능하지만, 아직 우리나라 휴대전화는 등록 가능 지역에 포함되지 않아 앱 설치가 안 된다고 하네요.

차에 타서는 안전벨트를 매고, 승객석 앞에 달린 모니터의 출발 버튼을 누르자 차량이 스스로 움직이기 시작했습니다. 모니터에는 로봇택시가 운행하면서 실시간으로 감지하는 각종 차량과 사람, 자전거, 오토바이 등의 움직임이 모두 표시되고 있었는데요.

운전자도 없는 상황에서 핸들이 좌우로 돌아가며 달리는 걸 보고 있자니 신기하기도 하고, 한편으로는 불안감도 들었습니다. 그러나 여유롭게 일반차로에 합류하고, 안정적으로 유턴과 좌회전·차로변경을 하는 데다 차로가 줄어드는 지점에서도 노련하게 대응하는 걸 보면서는 자율주행 수준이 상당하다는 걸 체감할 수 있었는데요. 주행속도도 시속 60km에 달할 정도였습니다.

차량에 동승한 김정환 서울시버스운송사업조합 이사장이 "웬만한 운전기사보다 운전을 더 잘하는 것 같아 놀랍다"고 얘기할 정도였습니다. 서울 시내버스업계를 대표하는 김 이사장은 버스기사 인력난을 줄일 방안 중 하나로 자율주행에 관심을 갖고 있어 포니에이아이를 찾았다고 합니다.

로봇택시는 맑은 날은 물론이고 제법 세찬 비가 쏟아지는 상황에서도 안정적인 운행이 가능했는데요. 운전자도 없는 상황에서 빗물을 닦아내기 위해 윈도 브러시가 작동하는 모습이 이색적으로 보일 정도였습니다. 탑승하고 시간이 좀 흐른 뒤에는 마치 노련한 운전기사가 운전하는 차를 탄 것처럼 동승자들과 편하게 대화를 나누기까지 했습니다.

로봇택시는 오전 8시부터 밤 10시까지 광저우시 난사구 안에서만 운행하는데요. 정부의 허가 조건 때문입니다. 차량은 전기차와 가솔린·하이브리드 세 가지를 사용 중이며, 유인과 무인택시 모두 운영하고 있습니다. 시속 100km 이상으로 달리는 고속도로에서도 자율주행이 가능하지만, 안전 규정상 운전기사는 탑승해야 한다고 합니다.

또 포니에이아이가 시범운행 중인 로봇트럭은 시내에서는 운전자가 직접 운전하고, 고속도로 등 허가된 구역에서만 자율주행이 가능하다고 하는데요. 실제로 탑승해본 로봇트럭도 고속도로에서는 꽤 안정적으로 주행이 가능한 수준이었습니다.

중국 광저우시 포니에이아이허브의 자율주행 택시들

광저우에서 운행 중인 로봇택시 상황은 포니에이아이의 R&D 센터에서 실시간으로 모니터링하고 있는데요. 300여 명의 인력이 운행 상황 등을 점검하고 있으며, 사고가 발생하면 원격제어도 가능하다고 합니다. 이 회사 관계자는 "사고가 나면 우선 현장에서 로봇택시에 적용 가능한 대응책을 먼저 제시하고, 그래도 어려우면 원격제어를 하거나 비상대응반을 출동시키게 된다"고 설명합니다.

이 정도면 당장 한국에 들여와도 되지 않을까 하는 생각이 들기도 하지만 아직은 제약이 적지 않습니다. 로봇택시가 특정 지역을 안정적으로 주행하기 위해서는 일반지도와 차원이 다른 정밀지도를 별도로 제작해 탑재해야만 하는데요. 여기에 시간과 비용이 꽤 소요된다고 합니다. 운행 지역을 늘리려면 상당한 준비 작업이 필요하다는 얘기입니다.

현재 중국에서 시험운행 중인 로봇택시는 포니에이아이뿐만이 아닙니다. 중국은 이미 세계 최대의 자율주행 시험장이라고 할 수 있는데요. 바이두, 비야디, 니오, 포니에이아이 등 여러 업체가 중국 각지에서 수천 대의 자율주행차를 운영하고 있습니다.

여기에는 무인차도 상당수 포함돼 있는데요. 미국 등 다른 나라와 달리 시험운행 중 사고가 나도 크게 논란이 되지 않는 데다 중국 정부가 여러모로 지원하기 때문에 경쟁력이 상당하다는 평가가 나옵니다. 위험을 상당 부분 감내하고 자율주행 연구를 진행하는 덕에 기술 발전도 그만큼 빠른 건데요. 자율주행 분야에서 중국의 약진이 놀랍습니다.

겉모습은 트램인데 선로 필요 없다?
일반도로 달리는 'TRT' 뭐길래

국토교통부는 2025년 1월 모빌리티 혁신위원회를 열고 대전시가 신청한 '3칸 굴절버스'의 시범운행 사업에 대해 차량 길이 제한 등과 관련한 특례를 부여한다고 결정했습니다. 현행 자동차관리법은 굴절버스의 길이를 19m 이내로 제한하고 있지만, 3칸 굴절버스는 30m가 넘어서 특별히 예외를 허용하지 않으면 운행이 불가능하기 때문인데요.

국토부는 그러면서 '3칸 굴절버스'는 무궤도 노선^{도로}에서 운행하는 고무바퀴 타입의 차량으로 기존 버스에 비해 탑승 정원 증가와 차량 운영비 절감 효과가 기대된다고 밝혔습니다. 앞서 2024년 말 열린 경제 관계 장관회의에서는 "규제 샌드박스를 거쳐 무궤도 트램 시범사업을 추진한다"는 내용도 발표됐는데요.

얼핏 보면 두 사안이 버스와 트램으로 각기 다른 얘기인 듯싶지만 실제로는 같은 내용입니다. 3칸 굴절버스 또는 무궤도 트램으로 호칭한 신교통수단은 흔히 'TRT^{Trackless Rapid Transit}'로 불리는데요. 영문 그대로 해석하면 '무궤도 급행 차량 시스템'이지만 좀 더 풀어서 얘기하자면 '무궤

중국 쓰촨성 이빈시에서 운영 중인 3칸짜리 TRT 차량

도 무가선 타이어 트램' 정도가 될 듯싶습니다.

TRT는 겉모습만 보자면 사실상 무가선 트램전력 공급선이 필요 없는 트램과 구분이 어려울 정도입니다. 또 무가선 트램과 마찬가지로 배터리나 수소 연료전지 등을 활용해 달립니다. 다만 차량 바퀴가 대부분 철제인 트램과 달리 고무 타이어인 점이 차이인데요.

물론 경전철 중에도 고무바퀴인 경우가 있습니다. 의정부경전철과 부산도시철도 4호선 등이 대표적인데요. 하지만 이들 경전철은 바퀴만 고무일 뿐 일반 열차와 마찬가지로 일정한 트랙 위를 달리도록 만들어졌습니다.

반면 TRT는 마치 버스처럼 일반도로를 별다른 제약 없이 주행할 수 있는데요. 기존의 버스전용차로를 그대로 이용할 수도 있습니다. 이 때문에 별도의 트랙선로을 놓아야 하는 트램보다 건설 기간이 훨씬 짧고, 비용도 덜 들어간다는 게 장점으로 꼽힙니다.

또 TRT는 통상 3모듈칸 한 편성이지만 필요에 따라 4모듈, 5모듈까지 늘릴 수도 있다고 합니다. 3칸을 기준으로 하면 한 번에 최대 200~240명 정도를 수송할 수 있는데요. 양방향 운전이 가능하고, 레벨 4 수준의 자율주행도 적용할 수 있다는 설명입니다. 속도는 시속 80~100km가량입니다.

관련 업계에 따르면 TRT는 중국의 CRRC중국중차 관계사들에서 많이 제작되고 있으며, 지난 2019년 말 중국 쓰촨성의 이빈시에서 세계 최초로 상업 운전을 시작했습니다. 현재 중국과 아랍에미리트, 말레이시아 등지에서 10개 노선120km이 운영 중이고, 추가로 9개 노선340km이 건설 중에 있다고 하는데요.

국내에서는 대전시가 가장 적극적입니다. 대전시는 우선 서구 도안동 일대의 교통체증 완화를 위해 TRT 시범운행에 대한 특례를 받았지만, 궁극적으로는 대전도시철도 3호선을 TRT로 구축하겠다는 계획으로 알려져 있습니다.

앞서 대전시는 도시철도 2호선에 수소전기 트램을 운행하기로 하는 등 신교통수단 도입에 열의가 상당합니다. 계획대로 된다면 대전에선 수년 내로 트램과 TRT 등을 모두 경험해볼 수도 있을 듯합니다.

그런데 TRT가 본격 도입되기 위해선 넘어야 할 산이 적지 않다는 지적도 나옵니다. 무엇보다 비싼 가격이 걸림돌입니다. 차종에 따라 다르겠지만 3모듈 한 편성이 약 30억 안팎으로 전해지는데요.

트램5모듈 한 편성, 약 40억 원보다는 저렴하지만, 세종시 등 국내에서 운행되고 있는 '2칸 전기굴절버스약 9억 원'와 비교하면 3배나 비싼 수준입니다. 바꿔 말하면 TRT 한 편성을 살 돈이면 2칸 전기굴절버스 3대를 살 수 있다는 얘기인데요.

버스 2대를 이어 붙인 형태의 2칸 전기굴절버스는 입석을 포함해서

한 번에 90명 정도 탈 수 있습니다. 3대면 270명을 수송할 수 있다는 계산인데요. 게다가 TRT가 한 번 다닐 동안 2칸 전기굴절버스는 3대를 운행할 수 있어 배차 간격도 훨씬 촘촘하게 됩니다.

익명을 요구한 철도 전문가는 "통근시간대에는 큰 차로 한 번에 대량 수송하는 게 좋겠지만, 수요가 적은 시간대에는 오히려 비효율적일 수 있다"며 "2칸 전기굴절버스와 비교해서 가성비를 잘 따져봐야 할 것"이라고 말합니다.

그리고 이번엔 TRT 도입의 걸림돌이었던 길이 제한에 예외가 허용됐지만, 정식으로 도입하는 때에는 관련 법 규정을 개정하는 절차를 거쳐야만 합니다. 설계수명과 법적 차령 제한 간 차이도 적지 않습니다. 관련 업계 관계자는 "TRT는 설계수명이 25년에 일정 점검을 거쳐 5년을 더 쓸 수 있도록 제작된다"고 말합니다. 최대 30년을 쓸 수 있다는 의미인데요.

하지만 국내 자동차관리법상 버스는 사용 가능 연한이 9년이며, 관련 점검 절차를 거쳐 2년을 더 운행할 수 있기 때문에 최대 11년이 한계입니다. TRT를 버스로 규정하면 이에 따라 설계수명보다 훨씬 일찍 폐차해야 합니다.

또 지자체가 TRT 사업을 할 때 국고 지원을 받기 위해선 TRT가 '간선급행버스체계BRT, Bus Rapid Transit의 건설 및 운영에 관한 특별법'에서 규정하는 운송수단으로 인정받아야만 하는데요. 이 경우 수도권 이외 지역에선 총사업비의 50%를 지원받을 수 있습니다. 결국 이런 장벽들이 다 해소돼야 TRT의 앞길도 밝게 열릴 듯합니다.

서울 시내버스의 비밀…
번호 속에 '출발·도착지' 다 담겨 있다

'171번', 도원교통이 운영하는 서울의 시내버스입니다. 종종 이용해 본 승객이라면 버스의 운행 노선^{국민대앞~월드컵파크 7단지}을 알고 있겠지만, 타본 적이 없다면 따로 검색해봐야 하는데요.

하지만 서울 시내버스는 굳이 검색하지 않더라도 노선번호만 보면 대략의 출발지와 도착지를 알 수 있습니다. 지난 2004년 시내버스 준공영제를 도입하면서 서울을 8개 권역으로 나눈 뒤 출발지와 도착지 정보를 넣어서 노선번호를 부여했기 때문인데요.

서울시와 서울시버스운송사업조합에 따르면 서울 시내를 다니는 노선버스는 크게 간선버스와 지선버스, 광역버스^{서울시 등록}, 순환버스로 나눌 수 있습니다. 현재 서울의 버스 회사는 모두 64개이며, 총 394개의 노선을 운행하고 있는데요. 간선이 135개, 지선 208개, 광역 10개, 순환 2개 노선 등이 있습니다.

노선번호 부여 체계를 만들면서 나눈 8개 권역은 ① 0^{종로, 중구, 용산}, ② 1^{도봉, 강북, 성북, 노원}, ③ 2^{동대문, 중랑, 성동, 광진}, ④ 3^{강동, 송파}, ⑤ 4^{서초, 강남}, ⑥ 5^{동작, 관악, 금}

천, ⑦ **6 강서, 양천, 영등포, 구로,** ⑧ **7 은평, 마포, 서대문**입니다.

이를 바탕으로 간선버스**파란색**는 노선번호를 세 자리로 하고 첫 숫자는 출발권역, 두 번째는 도착권역을 넣었습니다. 마지막 숫자는 유사한 경로를 오가는 노선 중 일련번호인데요. 171번을 보면 1번인 동북권역을 출발해서 7번인 서북권역을 도착지로 하는 일련번호 1번인 버스라는 해석이 가능합니다. 실제로 171번은 성북구 정릉동을 출발해 마포구 상암동까지 운행합니다.

172번은 역시 1번 권역을 출발해 7번 권역을 도착지로 하는 일련번호 2번인 버스라는 의미인데요. 이 버스도 노원구 하계동을 출발해 마포구 상암동까지 다닙니다. 같은 규칙으로 101번은 동북권역에서 출발해서 시내인 종로·중구 지역을 도착지로 하는 일련번호 1번의 버스가 되는 겁니다.

740번은 7번 권역인 마포구에서 출발해서 4번 권역인 강남구 삼성역

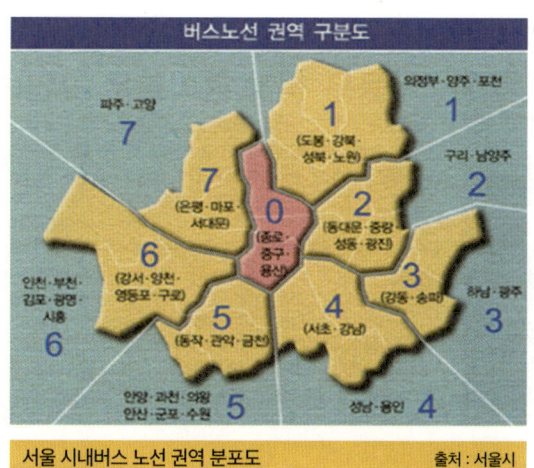

서울 시내버스 노선 권역 분포도　　　　　　　　출처 : 서울시

까지 운행하는 일련번호 0번 버스라는 뜻입니다. 그렇다면 110번은 어떤 노선일까요? 얼핏 보면 출발지와 도착지가 모두 1번이니 동북권 안에서만 다니는 버스로 볼 수 있겠지만, 별도의 회차지 없이 출발지를 떠나서 한쪽 방향으로만 운행해서 다시 출발지로 돌아오는 노선입니다. 특이한 경우인 셈이죠.

지선버스초록색는 네 자리 번호를 갖고 있으며, 역시 첫 자리가 출발지이고 둘째가 도착지입니다. 나머지 두 자리는 일련번호인데요. 5714번의 경우 5번 권역에서 출발해 7번 권역에 도착한 뒤 회차하는 일련번호 14번인 노선이란 의미입니다.

서울 시내를 오가는 광역버스는 대부분 경기도와 인천시 차량이지만 서울시에 등록된 경우도 일부 있습니다. 모두 10개 노선에 160여 대인데요. 붉은색의 광역버스는 네 자리 번호이며, 광역을 구분하기 위해 앞자리는 9로 시작합니다. 그리고 두 번째 숫자가 출발지를 표시하고, 나머지 두 개의 숫자는 일련번호입니다.

서울 정릉에서 상암동을 오가는 171번 버스

서울 외곽지역도 7개 권역으로 나눠서 출발지를 구분했는데요. 세부적으로는 ① 1**의정부, 양주, 포천**, ② 2**구리, 남양주**, ③ 3**하남, 광주**, ④ 4**성남, 용인**, ⑤ 5**안양, 과천, 의왕, 안산, 군포, 수원** ⑥ 6**인천, 부천, 김포, 광명, 시흥**, ⑦ 7**파주, 고양**입니다.

9401을 예로 들면 4번 광역권을 출발해 서울 도심에 도착하는 일련번호 01번인 광역버스가 되는 겁니다. 노란색을 칠한 도심순환버스는 두 자리로 된 노선번호를 갖는데요. 41번이라고 하면 4번 권역, 즉 서초·강남권역을 순환하는 일련번호가 1인 도심순환버스를 뜻하게 됩니다.

물론 일부 노선번호는 이러한 규칙만으로 풀이가 잘 안 되는 경우도 있을 텐데요. 이는 그사이 노선 통합 등의 사유로 번호를 합치고 바꾸다 보니 애초의 노선번호 부여 체계에서 벗어난 측면이 있다는 설명입니다. 서울 이외 지역 중에선 대구시가 유사하게 권역을 구분해서 버스의 노선번호를 부여했다고 하네요.

고속도로 정체에 민원 폭발…
도공이 짜낸 5가지 '묘수'

국내 고속도로의 길이는 2025년 3월 기준으로 총 5,224km에 달합니다. 1968~1970년 경인고속도로와 경부고속도로의 순차적 개통을 시작으로 50여 년간 많은 고속도로가 건설된 건데요. 이 중 민간사업자가 건설·관리하는 민자고속도로**827km**를 제외한 4,397km를 공기업인 한국도로공사**도공**가 관리하고 있습니다. 전체 고속도로의 84%가 넘습니다.

그사이 고속도로를 이용하는 차량도 크게 늘었는데요. 한국도로공사에 따르면 1969년 한해 289만 대이던 통행량은 1971년에 1,000만 대**1,045만 9,000대**를 넘어섰고, 1986년에 1억 대**1억 1,185만 2,000대**를 돌파했습니다. 2024년엔 18억 7,000여만 대를 기록했습니다.

고속도로는 말 그대로 빠르게 달릴 수 있고, 달려야 하는 도로입니다. 하지만 도로 용량을 넘칠 정도로 차량이 급증하면 교통정체가 빚어지고, 적지 않은 민원도 생기는데요. 물론 차량이 증가하는 만큼 도로를 더 많이 건설하면 해결된다고 생각할 수도 있겠지만, 경제성과 효율성 등을 따져보면 그리 현실적이지는 않습니다.

대신 기존 도로의 소통을 조금이라도 더 원활하게 할 수 있는 '묘수'를 적극적으로 찾게 되는데요. 한국도로공사 역시 그동안 많은 보완책을 고안하고 추진해왔습니다. 그중엔 효과가 작지 않거나 효과가 기대된다고 평가받는 여러 방안이 있는데요. 대표적으로 다섯 가지를 꼽을 수 있습니다.

》 하이패스

하이패스는 통행권을 받거나 통행료를 결제하기 위해 많은 차량이 몰리는 고속도로 요금소의 만성적인 지체와 정체를 해소하기 위해 도입한 전자통행료수납시스템ETCS, Electronic Toll Collection System입니다.

차량에 무선통신 단말기를 장착해 요금소에서도 멈추지 않고 달리면서 통행료를 자동으로 결제하는 방식으로 26년 전인 2000년 6월 판교·청계·성남 요금소에 시범 도입됐는데요. 2007년 전국 요금소로 확대된 이후 2024년 말 기준으로 전국 398개 영업소에서 1,695개의 하이패스 차로가 운영 중입니다.

하이패스 보급률은 92.4%에 달하며, 이용률도 91.9%나 되는데요. 전국으로 확대된 2007년 말에 이용률이 15.6%에 불과했던 것에 비하면 비약적으로 늘어난 수치인데요. 요금소에서 따로 정차할 필요가 없다는 편리함이 크게 작용한 것으로 해석됩니다.

한국도로공사에 따르면 2007년 전국 개통 이후 2024년 말까지 하이패스의 누적 이용 편익이 4조를 넘는다고 하는데요. 통행시간과 운행 비용, 환경 절감 효과를 다 따진 수치라고 합니다. 하이패스는 그 자체로도 변신을 거듭해왔는데요. 기존에 차로가 하나뿐이던 것이 2017년부터는

2개 차로 이상으로 확대해서 처리 용량을 60% 넘게 늘린 '다차로 하이패스'가 등장했습니다.

또 재정고속도로와 민자고속도로를 연이어 달릴 경우 중간에 요금을 결제해야 하는 불편을 없애기 위해 중간요금소에서 정차 없이 통과한 뒤 출구에서 일괄 정산하는 '원톨링' 시스템도 2016년에 도입됐습니다.

≫ 갓길차로제

갓길은 유사시 고장 차량이 대피하거나 구급차와 구난차량, 도로 유지보수 차량 등이 빠르게 통과할 수 있도록 설치된 곳입니다. 일반차량이 함부로 갓길로 달리면 범칙금 6만 원승용차 기준에 벌점 30점이 부과됩니다. 그런데 예외가 있습니다.

바로 갓길차로제가 시행되는 구간인데요. 흔히 가변차로 구간으로도 부르며 교통량이 많은 시간대 또는 돌발상황 발생 때 일반차량에도 갓길 주행을 허용함으로써 도로 용량을 늘려주는 교통운영 전략을 말합니다.

쉽게 말하면 차량이 몰려 혼잡한 시간대에 평소 이용이 제한된 갓길에 통행 가능 신호를 주고, 일정 시간 개방해서 교통 정체를 완화하는 방식인데요. 추가로 많은 돈을 들여 차로를 더 건설하지 않아도 한시적으로 차로 하나가 더 늘어나는 효과를 보는 셈입니다.

갓길차로제는 2007년 9월 영동고속도로 여주IC~여주분기점 사이 5.6km 구간에서 첫 시범운영을 했으며 현재는 경부고속도로, 수도권제1순환고속도로, 영동고속도로 등 총 10개 노선 250km 구간에서 운영 중인데요. 이를 통해 시간당 약 1,000대 이상의 교통 용량을 추가로 확보해 일시적인 혼잡구간의 정체를 완화하는 데 크게 기여하고 있다는 게 한국도로공사의 설명입니다.

　이렇게 효과가 좋긴 하지만 그렇다고 갓길차로제를 함부로 운영할 수는 없습니다. 본래의 목적을 저해해서는 안 되기 때문입니다. 운영 구간에는 750m 간격으로 비상주차대를 설치해야 하고, 실시간 모니터링도 필수입니다.

》 노면 색깔 유도선

　지난 2011년 6월 서해안고속도로 안산분기점에 각각 분홍색과 초록색으로 칠해진 유도선이 처음 설치됐습니다. 진행 경로를 색깔로 구분된 선을 통해 안내해주는 '노면 색깔 유도선'인데요. 운전자가 분기점 같은 복잡한 교차로에서 짧은 시간 내에 주행 경로를 결정해야 하는 상황에서 혼란을 줄여줘 소통을 원활하게 하고, 사고도 줄이는 효과를 발휘

고속도로 진출입로에 그려진 노면 색깔 유도선　　　　　　출처 : 한국도로공사

한다는 평가를 받고 있습니다.

노면 색깔 유도선은 지난 2009년 한국도로공사 직원 **윤석덕 차장**이 영동고속도로 안산분기점에서 서울 방향과 목포 방향 연결로를 혼동해 길을 잘못 들어간 경험이 탄생의 계기가 됐다고 전해지는데요.

이후 2011년 3월 안산 분기점에서 차로 급변경으로 인한 사망사고를 목격하며 본격적인 문제의식을 갖게 되었고, 아이들이 물감으로 그림을 그리는 모습에서 힌트를 얻어 차선에 색깔을 입혀 차량을 유도하는 '노면 색깔 유도선'을 고안했다고 합니다.

하지만 도로 차선은 도로교통법상 교통안전시설인 데다 당시 법에서 규정한 차선의 색상은 흰색, 노란색, 청색 등으로 색상별 용도가 정해져 있었기 때문에 노면 색깔 유도선은 법 위반이었습니다. 이에 윤 차장은 포기하지 않고 고속도로 지구대와 협력해 노면 색깔 유도선 설치에 대한 승인을 받았다고 합니다.

2011년 안산분기점을 시작으로 2012년 4월과 5월에는 경부고속도로 판교 분기점, 서울양양고속도로 동홍천 나들목에 설치됐습니다. 또 2017년에는 모든 고속도로 분기점에 확대 적용됐고, 관련 법 규정도 정비됐습니다.

요즘은 고속도로뿐 아니라 일반도로에서도 노면 색깔 유도선을 쉽게 볼 수 있어 운전자 입장에서는 상당히 편리합니다. 게다가 노면 색깔 유도선 설치 이후 교통사고를 분석한 결과 분기점과 IC에서 발생한 사고가 약 27% 줄었다는 소식도 있네요.

》 버스전용차로

고속도로에서 버스전용차로제가 처음 시행된 건 1994년으로 경부고속도로 양재IC~신탄진IC 사이였습니다. 당시 여름 휴가철과 추석 등 일정 기간을 정해 버스 이용객의 편의를 위해 운영했지만, 그해 10월 중단됐는데요.

이후 주말에만 운영하다가 2008년부터 다시 평일로 확대됐습니다. 오랜 기간 평일에는 오산~ 양재 구간, 주말에는 신탄진~양재 구간에서 운영되다 2024년에 평일 구간이 안성~양재로 늘어났는데요. 버스전용차로제는 대중교통 이용 활성화와 교통약자의 이동성 확보, 버스의 정시성 확보를 위해 도입됐습니다.

실제로 버스전용차로 도입 이후 버스의 통행속도는 빨라졌는데요. 2024년 하반기를 기준으로 보면 버스전용차로 전 구간의 평균 통행속도는 시속 95km에 달합니다. 거의 막힘없이 다닌다는 것인데요. 특히 오산~남사진위 구간은 운행속도가 시행 전보다 14km나 늘었다고 합니다.

버스의 평균 통행속도가 늘었다는 건 그만큼 버스 승객의 통근 시간이 줄었다는 의미가 됩니다. 실제로 안성~양재 구간의 버스 이용자의 평일 출퇴근 시간이 평균 33분 단축됐다는 조사 결과가 있습니다. 하지만 버스전용차로에 대한 일반차량 운전자들의 반발도 적지 않은 게 사실입니다.

앞서 영동고속도로에도 2018년 버스전용차로신갈~여주가 도입됐지만, 일반차로 정체 문제가 심각해지자 민원이 커지면서 신갈~호법으로 구간이 줄었습니다. 그런데도 정체가 줄지 않고 민원이 계속 발생하자 2024년 6월에 결국 폐지됐는데요. 이 때문에 현재 버스전용차로는 경부고속도로에만 남아 있습니다.

≫ 장거리 전용차로

도공이 수도권제1순환고속도로 장수IC~중동IC에 도입을 검토 중인 교통관리 방안이 있는데요. 바로 '장거리 전용차로'입니다. 고속도로를 길게 주행할 차량과 짧게 달릴 차량이 이용할 차로를 아예 구분해놓자는 의미인데요.

이 구간은 고속도로 IC 간의 간격이 짧고, 단거리 무료 통행 차량이 많은 탓에 잦은 차로 변경이 발생하고, 이로 인해 도로 용량보다 교통량이 적은데도 심한 정체가 자주 발생하는 곳입니다. 이를 해결하기 위해 아예 장거리와 단거리 교통류를 분리해서 차량 간 상충을 줄이고, 통행 속도를 향상하자는 겁니다.

차로가 아예 나뉘면 차로 변경 역시 줄어들어 전반적인 차량 흐름도 나아질 수 있기 때문인데요. 관계기관 협의를 거쳐 장거리 전용차로가 도입되더라도 운전자들이 차로 위반을 최소화하고, 장거리와 단거리 차로를 준수하는 게 성공의 필수조건이라고 합니다.

Part 04

함께 생각해볼

교통현안과 정책

"김해신공항보다 훨씬 심각"
가덕도 정밀 재검증 요구 나오는 까닭

2025년 9월 10일자

"김해신공항을 동남권 관문공항으로 추진하는 것에 대해 근본적인 검토가 필요하다."

지난 2020년 11월 17일 국무총리실 산하 김해신공항 검증위원회는 타당성 검증 결과를 발표하면서 이렇게 결론을 내렸다. 당시 검증위는 "김해신공항 안은 안전, 시설 운영·수요, 환경, 소음 분야에서 보완이 필요하고 미래 변화에 대응하기 어렵다"고 그 이유를 밝혔다.

검증위는 또 국토교통부가 제3 활주로 신설을 위해 공항 인근의 산을 깎는 문제와 관련해 부산시와 협의하지 않았다며 절차적 흠결도 지적했다. 박근혜 정부 때인 2016년 프랑스의 파리공항공단엔지니어링ADPi에 공항 후보지 평가를 의뢰, 김해공항 증축으로 확정된 동남권 관문공항 추진안이 4년 만에 사실상 백지화로 뒤집히는 순간이었다.

검증위 발표 직후 여야 정치권이 앞다퉈 ADPi 평가에서 꼴찌였던 가덕도를 새로운 관문공항으로 만드는 특별법을 발의하고, 이듬해 2월 통과시켰기 때문이다. 여야 모두 그해 4월 치러진 부산시장 보궐선거를 겨

깊은 바다를 매립해야만 하는 가덕도신공항 활주로 부지

부산의 가덕도신공항 조감도   출처 : 국토교통부

냉했다는 해석이 나왔다. 하지만 검증위가 '근본적 검토'를 명시하면서 제시한 이유부터 옹색하다는 지적도 적지 않았다.

그렇다면 우여곡절 끝에 새로 선택된 가덕도신공항은 어떨까? 공항 관련 전문가와 업계에선 여러 난제가 김해신공항보다 훨씬 심각하다는 우려가 나온다. 무엇보다 신공항 부지가 외해육지로 둘러싸이지 않은 먼바다에 직접 노출돼 조류와 파도 등의 영향을 바로 받는 데다 수심이 깊어 대규모 매립이 불가피하다는 점이 우선 거론된다.

바다를 메워서 공항 등 구조물을 만들면 필연적으로 부등침하구조물의 기초지반이 여러 지점에서 서로 다르게 가라앉는 현상가 생길 수밖에 없다. 국토부에 따르면 일본 오사카의 간사이공항은 1994년부터 2016년까지 20여 년간 약 13m가 가라앉았고, 현재도 계속 침하가 일어나고 있다. 여기에 쓴 유지비만 10조 원이 훨씬 넘는다.

지반 전문가인 정충기 서울대 건설환경공학부 교수전 대한토목학회장는 "가덕도는 수심이 깊은 데다 연약층도 더 두꺼워서 간사이공항보다도 조건이 안 좋다"며 "어렵게 완공하더라도 적지 않은 부등침하가 일어날 것"이라고 우려했다.

입지 논란은 곧 난공사로 이어지게 된다. 가덕도 주변은 파도와 조류, 연약지반 탓에 매립 작업이 쉽지 않은 데다 태풍의 길목으로 2000년 이후 10여 개의 태풍이 지나갔다. 공사를 방해할 자연적 요건이 즐비한 셈이다. 여기에 정부가 2029년 말 개항을 고수하는 탓에 공사 기간마저 너무 촉박하다.

10조 원대의 공항 부지 조성 공사를 따낸 현대건설이 지난 5월 손을 뗀 것도 같은 맥락에서다. 공항 설계 분야에 손꼽히는 엔지니어링사의 간부는 "유례없는 사업비가 투입되는데도 건설사와 설계사가 참여를 꺼리는 건 공사 안전에 대한 확신이 없는 탓이 크다"고 전했다. 인명 사고라도 나면 중대재해처벌법 등 엄청난 대가를 치러야 한다. 해양생태계 등 환경훼손 우려도 크다.

이들 난제를 뚫고 어렵사리 개항한다고 해서 끝이 아니다. 안전하고 효율적인 운영이라는 숙제가 남아 있다. 계획대로라면 13조 원이 투입되는 신공항엔 3,500m짜리 활주로 1개만 들어서게 된다. 운영 과정에서 부등침하가 발생하면 대체 활주로가 없는 탓에 보완 작업을 위해 한동안 공항 폐쇄가 불가피하다.

간사이공항은 활주로가 2개라 번갈아 작업이 가능하다. 그렇다고 활주로 1개를 더 놓으려고 하면 7조 원 넘는 돈이 추가로 필요하다. 여기에 태풍이 닥치는 경우 발생할 피해는 섣불리 가늠하기 어렵다. 사천·진해 비행장과 중첩되는 공역에다 김해공항과 얽혀 복잡해지는 관제 업무 등 항공 안전을 우려하는 목소리도 나온다.

신공항의 성패를 좌우할 장거리 국제선 유치도 만만치 않다. 국내선은 김해공항에 두고, 국제선만 운영할 가덕도신공항은 2065년 기준으로 여객 2,300만 명 수용이 목표다. 유정훈 아주대 교통시스템공학과 교수(대한교통학회장)는 "공항이 아닌 항공사 중심 시장인 항공산업에서 국내외 항공사들이 인천공항 외에 가덕도신공항에 미주·유럽 등 신규 장거리 노선을 띄우고 지속해서 운영할지 의문"이라고 지적했다.

익명을 요구한 전직 국토부 고위 관료도 "과거 김해공항 사례를 봐도 항공 수요 측면에서 저비용 항공사LCC가 동북아나 동남아 노선을 띄울 수는 있어도 대형 항공사들이 유럽과 미주 등 장거리 노선을 개설하기는 쉽지 않다"고 말했다.

이렇게 보면 가덕도신공항은 입지의 적절성, 공사 안전성, 운영 안정성 등에서 우려할 점이 꽤 많다. 하지만 가덕도신공항은 특별법 통과 이후 사전타당성 검토만 거친 뒤 예비타당성 조사를 면제하고는 곧바로 기본계획 수립에 들어갔다. 사전타당성 검토는 사업 추진을 전제로 하는 조사이기 때문에 엄밀한 검증이라고 보기는 어렵다는 게 전문가들 평가다.

그래서 이제라도 국내외 전문가로 검증위원회를 꾸려 김해신공항처럼 꼼꼼하게 다시 따져봐야 한다는 요구가 나온다. 윤문길 한국항공대 경영학부 교수는 "지금은 기술적 문제와 건설비용, 공사 기간만 관심인데 국토부와 부산시, 정치권이 모두 원칙대로 사업을 되돌아보고 완공 후의 운영계획과 수익계획까지 투명하게 검증받아야만 할 것"이라고 말했다.

인천공항 개항을 이끌었던 김세호 전 건설교통부 차관은 "경제적 타당성, 운항 위험성, 공사 여건 등이 꼼꼼하게 분석되지 않은 상황"이라며 "이번 기회에 가덕도신공항이 부산·경남지역에 정말 도움이 되는지, 사업을 접고 그 돈을 이들 지역의 다른 분야에 투자하는 게 더 나을지도 따져봐야 한다"고 지적했다.

가덕도신공항은 아직 삽을 뜨기 전이다. 지금이 사업타당성을 객관적으로 재검증하고, 추진 여부를 다시 판단할 마지막 기회인 셈이다. 일부에선 정치권이 내년 지방선거를 앞두고 오히려 사업을 서두를 거란 관측도 나온다. 하지만 건설과 운영 과정에 숱한 난관이 도사리는 논란의 사업을 정치적 표 계산으로 무리하게 추진하는 건 재앙이 될 수 있다는 걸 알아야만 한다.

또 다른 항공 참사 막으려면…
"항공안전청 신설, 사조위 독립"

2025년 4월 23일자

지난해 말 179명이 안타깝게 목숨을 잃은 무안공항의 제주항공 여객기 참사가 발생한 지 넉 달이 다 되어 간다. 사고 원인을 밝히기 위한 항공철도사고조사위원회^{사조위}의 조사는 계속 진행 중이다. 최근에는 기존에 알려진 바와 달리 사고 당시 여객기의 엔진 기능 일부가 작동 중이었던 것으로 추정되는 동영상도 공개돼 사고 원인과 과정을 두고 의견이 더 분분해졌다.

이 사이 국토교통부는 사고 피해를 키운 것으로 지목된 무안공항의 콘크리트 둔덕형 로컬라이저와 유사한 시설이 설치된 다른 국내 공항에 대한 점검을 벌였다. 이어 해당 시설의 철거 및 보완작업을 추진하고 있다.

또 참사의 원인으로 지목되는 '버드 스트라이크^{Bird Strike, 조류충돌}'를 예방하기 위해 전국 모든 공항에 조류탐지 레이더를 도입키로 했다. 국제 권고기준^{240m}에 미달하는 무안·여수공항 등 7개 공항의 활주로 종단안전구역도 추가로 확보한다는 대책도 밝혔다.

이처럼 참사 이후 여러모로 항공 안전 강화 대책이 추진되고 있지만,

전문가들은 또 다른 항공참사를 방지하려면 보다 근본적인 '혁신'이 필요하다고 입을 모은다. 무엇보다 현재 국토부 항공정책실의 항공안전정책관(국장급) 산하에 두고 있는 항공안전 관리조직을 미국 연방항공청 FAA, Federal Aviation Administration 등 주요 선진국처럼 항공안전청 수준으로 확대·신설해야 한다고 제안한다.

항공안전정책관 산하에는 직원이 100여 명 있지만, 이 중 항공사 인허가 관련 심사를 담당하는 심사관과 항공사의 안전관리 상태를 살펴보는 감독관은 모두 30여 명에 불과하다. 윤문길 한국항공대 경영학부 교수는 "항공 안전의 중요성을 강조하고 있지만, 정작 많은 공항과 항공사의 항공안전 규제 및 관리를 담당하기에는 조직과 인력이 턱없이 부족하다"고 지적했다.

장만희 전 사조위 위원장도 "정부의 항공 안전 감독이 정상적으로 이뤄지려면 무엇보다 조직과 인력이 핵심"이라며 "이는 국제민간항공기구

인천공항에서 드론을 이용해 조류를 쫓고 있다.　　　　출처 : 인천공항

ICAO가 각 나라의 안전감독 시스템을 평가하는 중요 기준이기도 하다"고 말했다.

실제로 ICAO의 36개 이사국 중 32개국이 항공안전청 같은 조직을 갖추고 있다고 한다. 미국은 교통부 **Department of Transportation** 산하에 FAA가 별도 기관으로서 미국 내 항공기 개발·제조·운행 허가, 항공사 관리·감독 등 항공 안전과 관련한 전권을 행사한다. 영국 역시 교통부 산하기관인 민간항공청 **CAA, Civil Aviation Authority**이 항공기와 항공 장비에 대한 면허와 안전관리, 조종사 관리 등을 전담하고 있다.

사실 우리나라에도 앞서 유사한 조직이 있었다. 1990년대 연이은 국적 항공사의 사고 탓에 2001년 FAA 평가에서 항공 안전 2등급으로 떨어지면서 항공 안전 강화를 위해 당시 건설교통부 산하에 항공안전본부(1급 본부장)를 별도로 설치했다.

이전까지 건교부 항공국에 3~4개 과로 있던 항공 안전 정책 및 감독 기능을 떼어내 2개국 10개과로 확대 개편한 것이다. 이후 각고의 노력 끝에 약 4개월 만에 항공 안전 1등급을 회복했다. 하지만 이명박 정부 때인 2009년 작고 효율적인 조직을 구축한다는 명문 아래 항공안전본부가 폐지되고, 관련 기능이 국토해양부의 항공정책실로 다시 합쳐졌고 지금까지 이어지고 있다.

김연명 한서대 항공융합대학원장은 "국내 공항을 운항하는 국적기와 외항사의 항공 편수가 2000년 27만여 대에서 2024년에는 70여만 대까지 늘었다"며 "항공산업의 급성장에 맞춰 항공 안전 문제를 근본적으로 개선하기 위한 항공안전청 설립이 절실하다"고 말했다.

전문가들은 사고 조사를 담당하는 조직 역시 완전히 독립시켜야 한다고 지적한다. 현재 사조위는 국토부 산하에 있는 조직인 탓에 '셀프 조사'

라는 비판을 받기도 한다. 항공 안전 정책 수립과 감독은 물론, 사고 조사까지 국토부와 산하기관에서 다 수행하는 탓이다.

게다가 사조위는 사고조사관이 10명도 채 안 돼 상시적인 인력 부족과 업무 과다에 시달리는 것으로 알려져 있다. 이 때문에 미국 국가교통안전위원회**NTSB, National Transportation Safety Board**처럼 다른 부처의 영향을 받지 않는 독립기관이 필요하다는 요구가 높다. NTSB도 처음 설치된 1967년에는 교통부 산하였지만 1974년 완전히 독립된 기관이 됐다.

황호원 항공안전기술원장은 "우리 사조위는 국토부 산하기관인 데다 국토부 항공정책실장이 상임위원을 맡는 등 독립적인 조사와 판단을 하기에는 제약 요건이 많다"고 지적했다. 윤문길 교수도 "국토부와는 별도의 독립된 기구에서 사고 조사를 해야 공정성과 신뢰성을 확보할 수 있을 것"이라고 말했다.

항공안전청 신설과 사조위 독립 외에도 ① 항공 안전 감독 및 조사 인력의 전문성 강화, ② 항공사 면허 기준 강화, ③ 항공기 정비기준 개선, ④ 정비 인력 확충 및 정비훈련 강화, ④ 관제사 역량 강화 등 여러 개선안도 같이 제기되고 있다.

마침 국토부도 2025년 4월 말께 전문가와 업계 의견 등을 모아 항공안전혁신방안을 발표할 예정이다. 기존과는 차원이 다른 방안에 대한 기대가 크다. 그런데 여기서 꼭 짚고 가야 할 게 있다. 바로 조직과 예산 확보 가능성이다.

아무리 혁신적인 방안이 나오더라도 조직을 담당하는 행정안전부와 예산을 쥐고 있는 기획재정부가 협조하지 않는다면 '공염불'에 그칠 수밖에 없다. 실제로 유사사례도 많다. 하지만 항공 안전은 국토부 혼자만의 문제가 아니라 비행기를 타는 누구나 해당하는 국민적 사안이다. 항

공 안전 시스템을 다시 세우기 위한 범정부적 차원의 전폭적인 협조와
지원이 요구되는 이유다.

낡은 'KTX-1' 바꾸는 돈 6조 원···
누가 부담하나

2025년 2월 26일자

고속열차 KTX가 운행을 시작한 지 올해로 만 21년이 다 되어간다. 개통 1~2년 전부터 도입된 초기 모델인 'KTX-1'은 나이로 치면 20대 초반에 접어든 셈이다. 사람이라면 한창 젊고 창창한 때이지만 열차는 사정이 다르다.

KTX의 기대수명, 즉 안전하게 운행이 가능한 최대 연한은 통상 30년으로 잡는다. 이를 고려하면 남은 수명이 8~9년밖에 안 된다. 기대수명을 넘겨서 무리하게 운행하면 사고와 고장 위험이 커진다.

물론 기대수명이 되기 전에 정밀안전진단을 통과하면 5년을 더 쓸 수 있지만, 부품 조달 등이 여의치 않아 정비에 어려움을 겪을 수 있다. 결국 승객 안전을 위해서라도 대략 2033~2034년에는 새 열차로 바꿔야 한다는 얘기다.

교체 대상인 KTX-1은 46편성 920량[1편성 20량]이다. 해당 열차를 운영하는 코레일은 이를 동력 분산식 고속열차인 EMU-320이나 370으로 바꾸려고 한다. 시속 320km대의 EMU-320은 현재 운행 중인 KTX-청룡이 대표적이며, 더 빠른 EMU-370은 아직 개발되지 않았다.

KTX-1과 KTX-산천처럼 맨 앞의 기관차가 나머지 객차를 끌고 가는 '동력 집중식'과 달리 '동력 분산식'은 별도의 기관차 없이 객차 밑에 동력모터을 분산 배치한 것으로 가·감속 능력이 뛰어나다는 평가를 받는다.

일반적으로 고속열차를 도입할 때는 '발주·계약약 6개월→차량 제작초도 편성 3년→시운전초도 편성 1년→차량 인수편성당 3주'의 절차를 거친다. 게다가 한 꺼번에 납품되는 게 아니라서 46편성을 모두 순차적으로 인수하는 데만 2년 8개월가량이 더 소요된다는 게 코레일 측 설명이다. 이렇게 따지면 발주부터 차량 인수까지 적어도 6~7년이 걸린다.

코레일의 고양차량기지에서 정비 중인 KTX-1

해당 일정을 고려하면 늦어도 2년 뒤인 2027년에는 발주와 계약을 마쳐야 한다는 계산이 나온다. 그런데 문제는 돈이다. '신규 철도차량의 효율적인 도입 방안 제시'라는 연구용역을 수행 중인 이진우 KAIST 건설·환경공학과 교수에 따르면 2027년에 EMU-320 46편성**1편성 16량**을 한 꺼번에 발주하는 경우 모두 5조 원이 필요하다. EMU-370은 더 비싸서 7조 원으로 예상된다.

사업비의 원활한 조달 등을 고려해 2027년과 2032년에 각각 23편성씩 나눠서 발주하면 6조 원 가까이 소요된다. 또 2차 발주 때 EMU-370으로 변경하면 금액은 다시 7조 원에 육박한다. 이처럼 고속열차 교체에 막대한 돈이 필요하다 보니 누가 사업비를 부담하느냐를 놓고 벌써부터 고민이 깊다.

원칙적으로는 해당 열차를 운영하는 코레일이 전액 부담하는 게 맞다. 자신들이 사용할 열차이니 교체 비용 역시 직접 조달해야 한다는 논리다. 하지만 원칙만을 고수하기에는 코레일의 열악한 경영 상황이 걸림돌이다.

코레일은 2023년에만 4,700억 원이 넘는 적자를 기록했고, 부채도 20조 원이 넘는다. 익명을 요구한 코레일 관계자는 "2012년 이후 13년간 철도 요금이 동결된 데다 그사이 전기료 등 각종 비용은 크게 오른 게 주요 원인"이라고 말했다.

이런 상황에서 코레일이 6조 원에 달하는 고속열차 교체 비용까지 모두 떠안게 되면 부채비율이 400% 안팎까지 치솟는다는 우려도 나온다. 채권 발행 등 빚을 얻어서 돈을 조달해야 하기 때문이다.

코레일 입장에서 비빌 언덕이 전혀 없는 건 아니다. 코레일이 서울시와 함께 추진하고 있는 용산국제업무지구 개발사업이 있다. 49만 5,000㎡

규모의 용산정비창 부지에 최고 100층 안팎의 랜드마크와 전시장·복합 환승센터·오피스·아파트 등을 포함한 중심지를 조성하는 내용이다.

코레일이 해당 부지를 조성해서 매각하면 3조 원 가까운 이익을 얻을 수 있을 거란 전망도 있다. 하지만 경제 상황과 부동산 경기 등 유동적인 변수가 많아 낙관적 전망만을 할 수도 없다. 자칫 상당 기간 매각에 어려움을 겪을 가능성도 배제하기 어렵다는 지적이다.

이 때문에 철도업계와 전문가들은 일정 부분 정부의 지원이 필요하다고 입을 모은다. 철도가 공공재로서 국민의 이동 편의에 기여하는 바가 상당하기 때문이다.

고준호 한양대 도시공학과 교수는 "새로운 열차가 도입되면 속도 향상 등 편리성이 높아지는 건 물론 안전도 강화될 것"이라며 "이런 면들을 고려하면 정부의 재정 지원은 꼭 필요하다"고 지적했다. 정시교 국토교통과학기술진흥원 모빌리티본부장도 "철도 산업 생태계의 건전성 확보를 위해서라도 재정 지원을 해야 한다"고 말했다.

재정지원 부담을 줄이기 위한 일정 수준의 요금 인상이 필요하다는 주장도 나온다. 이준 한국철도기술연구원 철도정책연구실장은 "정부 재원이 한정돼 있기 때문에 철도 요금을 높여서 추가로 재원을 확보하는 게 핵심적인 대안이 될 것"이라고 말했다.

현재 도시철도에 대해서만 노후 차량 교체 때 30%의 재정 지원을 해주는 것을 고속열차 등 간선철도에도 확대 적용해야 한다는 요구도 있다. 현행 규정상 신규 노선 투입용이 아닌 낡은 KTX 교체 때는 재정 지원이 안 된다.

이호 한국교통연구원 철도교통연구본부장은 "안전성 측면에서 도시철도의 노후 차량 교체 때 재정을 지원해주는 취지를 고려하면 이를

KTX 등 철도 전체로 확장하는 게 요구된다"고 말했다.

소관부처인 국토교통부도 본격적인 논의를 시작하겠다는 입장이다. 강욱 국토부 철도운영과장은 "코레일 자체 부담, 정부 재정 지원, 요금 인상 등 여러 방안과 분담 비율을 놓고 제대로 논의를 해야 할 것 같다"고 밝혔다.

낡은 KTX를 적절한 시기에 원활하게 교체하는 건 승객 안전을 위해서라도 꼭 필요하다. 그러려면 코레일과 국토부, 기획재정부, 철도 전문가들이 지금부터 머리를 맞대고 교체 비용의 조달과 분담에 대한 합리적인 방안을 도출해내야만 한다.

해외에서 상 받은 'MB표 버스 준공영제'…
20년 뒤 지금은 위기, 왜?

2024년 7월 17일자

전국 최초로 서울에서 시행한 시내버스 준공영제가 지난 1일로 만 20년이 됐다. 당시 서울시장이었던 이명박 전 대통령이 도입을 결정하고 추진했다. 준공영제는 버스 운영을 민간 자율에 맡기는 민영제와 버스회사를 지자체 또는 공기업에서 직접 경영하는 공영제의 장점을 합친 형태로 알려져 있다.

준공영제가 도입될 시기의 시내버스 상황은 열악했다. 승용차가 도로의 70% 넘게 차지하면서 교통혼잡은 극심했고, 경쟁에서 밀린 버스의 통행수단 분담률은 2002년 기준 26%에 불과했다. 경영에 어려움을 겪는 버스회사가 여럿이었고, 난폭 운전, 들쑥날쑥한 배차 간격 탓에 시민 불만도 컸다.

하지만 버스는 잘만 하면 지하철보다 적은 비용으로 큰 효과를 가져올 수 있는, 결코 포기할 수 없는 대량 운송수단이었다. 지하철은 1km 건설에 1,200억~1,400억 원가량 소요된다. 서울시 도시교통실장을 지낸 황보연 서울시립대 초빙교수는 "여러모로 심각했던 시내버스의 위기

상황에서 나온 해법이 준공영제였다"고 말했다.

준공영제하에서는 모든 버스회사의 운송수입금을 공동 관리하고, 매년 일정 절차를 거쳐 확정되는 표준운송원가에 따라 산정된 총비용에서 총수입을 제외한 부족분을 서울시가 예산으로 메워준다. 버스회사로서는 수입 구조가 비교적 안정되는 셈이어서 무리한 운행을 할 이유가 줄었다.

이게 다가 아니었다. 기존 지하철 노선과 신설 노선 등을 고려해 복잡하고 비효율적이던 버스노선을 전면 개편했다. 노선별 기능에 따라 간선·지선·순환·광역버스로 나눠진 것도 이때다. 꽉 막힌 도로에서 버스의 운행 속도를 높여주기 위해 도로 한가운데에 '중앙버스전용차로^{이하 전용차로}'를 본격 도입했다.

천호대로를 시작으로 도봉 미아로, 강남대로, 수색 성산로, 경인 마포로 등에 속속 설치되면서 버스 운행속도가 빨라졌다. 도봉 미아로의 경우 전용차로 시행 전인 2004년 6월 평균 운행속도가 시속 11km에 불과하던 게 시행 뒤인 그해 12월엔 시속 20.3km로 85% 가까이 증가했다.

교통비 부담을 덜어주기 위한 버스·지하철 간 통합환승할인과 버스 운행 관리 시스템, 버스 정보 시스템, 스마트 교통카드도 함께 도입됐다. 물론 준공영제라는 낯선 제도를 놓고 처음엔 버스회사와 노조의 반발도 적지 않았다. 버스회사는 노선권 박탈을, 버스 노조는 일자리 상실 등을 걱정했다고 한다.

우여곡절 끝에 시작한 준공영제의 위력은 상당했다. 과당경쟁과 난폭 운전이 줄어들면서 교통사고가 대폭 감소했고, 전용차로가 늘면서 배차 정시성이 향상됐으며 승객 만족도도 높아졌다. 이러한 성과 덕에 준공영제는 부산·대구·대전·광주·인천 등 국내 주요 도시로 확산됐고, 해외에

서울시청 부근을 지나는 노선버스들

서도 여러 상을 수상하며 호평을 받았다.

그러나 20년이 흐른 지금 준공영제는 새로운 위기를 맞고 있다. 무엇보다 전용차로의 통행속도가 계속 떨어지고 있다. 서울시가 발간한 '2023 서울시 차량 속도 보고서'에 따르면 지난해 전용차로의 평균 속도는 시속 18km로 2007년 시속 22.3km보다 20% 가까이 느려졌다. 경기도를 오가는 버스 등이 늘면서 통행량이 증가한 때문이라는 분석도 나온다.

반면 승용차는 도심 구간을 기준으로 2007년에 시속 14.4km이던 것이 지난해에는 18km로 오히려 30% 가까이 빨라졌다. 이처럼 승용차보다 느려진 버스 속도는 승객 감소로 이어져 버스의 통행수단 분담률이 2009년 27.8%에서 2022년에는 20.1%로 크게 떨어졌다. 같은 기간 지하철은 35.2%에서 43.5%로 뛰었다.

이렇게 승객과 요금 수입이 줄었지만, 인건비와 유류비 등 운영비용은 계속 증가하면서 서울시의 재정 지원 규모도 크게 늘고 있다. 준공영제 시행 이후 2020년까지 1,600억~2,900억 원대를 대체로 유지하던 재정지원금은 코로나19로 승객이 급감한 탓에 2021년 4,561억 원, 2022년 8,114억 원, 지난해는 8,915억 원까지 치솟았다. 올해는 이보다 줄었지만 예년보다 많은 3,400억 원가량으로 전망된다.

이 때문에 전문가와 버스 업계 안팎에서는 준공영제를 시대 변화에 맞게 대폭 개선해야 한다는 목소리가 높다. 버스노선의 전면 개편이 우선 손꼽힌다.

박동주 서울시립대 교통공학과 교수는 "지난 20년간 수많은 도시철도와 광역철도가 신설되고, 신도시가 들어섰지만, 버스노선 변화는 단순 짜깁기에 지나지 않았다"며 "타 교통수단과 중복도가 높은 노선을 조정하고, 환승 편리성과 노선 다양성을 강화해야 할 것"이라고 지적했다.

강승모 고려대 건축사회환경공학과 교수도 "버스전용차선의 용량과 신설 지하철 및 경전철 노선, 변화된 통행 패턴을 고려한 대대적인 버스노선 개편이 요구된다"며 "노선 개편 및 배차 간격 조정으로 운행 수입을 현재보다 11.5%까지 늘릴 수 있다는 연구도 있다"고 전했다.

익명을 요구한 버스업체 경영진도 "20년 동안 도시 환경이 확 바뀌었는데도 노선 조정 권한을 가진 서울시가 적극적인 노력을 하지 않았다"며 "버스산업의 상품인 노선망을 재점검해 현재 상황에 맞게 재설계해야 할 것"이라고 말했다.

버스 속도 향상도 과제다. 유정훈 아주대 교통시스템공학과 교수는 "승객을 다시 늘리려면 버스 경쟁력의 핵심인 속도를 높여야 하고, 이를 위해선 버스전용차로를 대폭 확대해야 한다"며 "편도 2차로 구간도 필요하면 전용차로를 설치하고, 중앙버스전용차로에서는 교차로에 버스 우선 신호를 도입해 속도를 높여줘야 할 것"이라고 제안했다.

강경우 한양대 건설교통학부 명예교수는 "중앙버스전용차로에 적절한 용량의 버스를 투입해야 하는데 너무 많은 버스가 다니다 보니 속도가 느려지는 단계가 됐다. 일정 규모 이상의 승객을 운송하는 노선만 선택적으로 중앙차로를 이용하게 하는 방법도 고려할 만하다"고 말했다.

자율주행 등 첨단기술과 버스의 접목, 그리고 혼잡통행료 및 주차 요금 인상 같은 적극적인 승용차 수요관리도 요구된다. 또 재정 부담 완화를 위해 적정한 수준의 요금 인상이 필요하다는 의견도 나온다.

김현 한국교통대 교통에너지융합학과 교수는 "2009년 이후 인건비와 유류비 등 유지보수비 증가율이 버스요금 인상률보다 높아졌다"며 "버스요금의 현실화를 통해 서울시의 재정 부담을 줄이는 것도 대안"이라고 밝혔다. 고준호 한양대 도시공학과 교수도 "재정 부담의 문제는 낮은 버스요금이 주요 원인"이라고 말했다.

이렇게 보면 20주년을 맞은 이명박표 버스 준공영제는 획기적인 변신이 절실한 시점인 듯싶다. 서울시와 중앙정부, 버스업계 노사 대표, 그리고 전문가들이 서둘러 모여 보다 지속 가능한 버스 준공영제의 대대적인 개혁 방안을 찾아야만 한다.

한강 리버버스, 카페·매점으로 흑자?… 통근용인가 관광용인가

2024년 2월 28일자

'80%'

서울시가 10월부터 운항을 시작할 예정인 '한강 리버버스^{수상버스}'의 운영 수입 중 선착장과 배에서 운영할 카페·매점·식당 수익 등으로 충당할 비중이다. 배를 타면서 내는 요금 비중은 20%에 불과하다. 이런 수입 구조로 3년 뒤면 흑자 전환이 가능할 거란 게 서울시 전망이다. 교통 전문가들은 "리버버스가 통근보다는 사실상 관광이 주목적이란 걸 의미하는 셈"이라고 지적한다.

27일 서울시가 국회 김학용 국민의힘 의원에게 제출한 '리버버스 운영 활성화 방안 용역 보고서 개요'에 따르면 한강 리버버스 선착장은 마곡·망원·여의도·잠원·옥수·뚝섬·잠실 등 7곳에 설치되며, 모두 8척의 배가 운항한다.

당초 검토됐던 김포~서울 노선은 포함되지 않았다. 평일에는 총 68회 운항하며, 한 번 탈 때 요금은 3,000원을 받는다. 운항 간격은 출퇴근 시간대는 15분, 그 외에는 30분이다.

수요는 2030년 기준으로 8척을 가동할 때 하루 평균 5,230명으로 이 가운데 통근수요가 3,735명, 관광이 1,495명이었다. 평일 기준, 200석짜리 배 한 편당 통근수요는 55명, 관광은 22명가량 된다는 계산이다.

서울시는 2030년까지 운항 선박 수를 더 늘리면 연간 최대 250만 명까지 이용할 거라고 추산한다. 서울시가 발주한 리버버스 운영 활성화 방안 용역은 2023년 8월 시작됐으며, 2024년 6월 완료될 예정이다. 중간결과만 나왔고 최종보고서는 아직 제출되지 않았다. 2024년 2월 초 오세훈 서울시장은 용역 중간결과 등을 바탕으로 한강 리버버스를 10월부터 시작하겠다는 계획을 발표했다.

서울시에 따르면 사업의 성패를 가를 핵심 요소 중 하나인 수익구조는 요금 20%, 부대사업 80%로 짜여 있다. 서울지하철을 운영하는 서울교통공사의 부대사업임대료 등 포함 비중이 10% 안팎인 걸 고려하면 리버버스는 부대사업이 차지하는 몫이 이례적으로 높다.

서울시는 리버버스 8척 기준으로 2025~2030년까지 향후 6년간 매년 평균 110억 원의 운영비가 소요될 것으로 추정하면서 운항 3년 뒤면 흑자전환이 가능하다고 내다봤다.

이예림 서울시 한강전략사업부장은 "현재도 한강을 찾는 시민이 많은 데다 리버버스가 활성화되면 더 많은 시민과 관광객이 찾아올 것"이라며 "이렇게 되면 선착장 내 편의시설을 이용하는 수요가 더 늘어나고, 기존의 주변 시설들도 함께 혜택을 볼 수 있을 것으로 기대한다"고 말했다. 앞서 서울시는 지난해 리버버스 사업자인 이랜드그룹과 운영수익이 비용에 미달될 경우 차액을 보전해주는 내용의 협약도 맺었다.

교통 전문가들은 당초 리버버스가 지난해 김포신도시의 극심한 교통난을 덜기 위한 대책 중 하나로 거론된 걸 고려하면 사업 구조가 모호하

출처 : 서울시

다고 지적한다. 서울시도 2023년 6월 사업자를 공모하면서 리버버스를 수상 대중교통으로 명시한 바 있다. 고준호 한양대 도시공학과 교수는 "예상 수익 창출 부문 및 조사 결과 등을 볼 때, 출퇴근보다는 관광목적 용으로 활용될 여지가 큰 것 같다"고 말했다.

박경철 경기연구원 선임연구위원도 "부대사업 비중이 80%라면 리버 버스 사업이 아니라 한강고수부지 상가 사업으로 봐도 무방할 정도"라 며 "애초 언급한 교통수단이 아니라 주객이 전도된 이상한 구조가 된 것 같다"고 비판했다. 부대사업 수익 규모를 지나치게 낙관적으로 전망했 다는 지적도 있다.

현재대로라면 리버버스가 통근용 교통수단으로서는 경쟁력이 크게 떨어진다는 진단도 나온다. 김현 한국교통대 교통·에너지융합학과 교수는 "도심 통근 수단은 출퇴근 때 배차 간격이 적어도 3~5분 이내로 설정돼야 하는데 리버버스는 15분으로 광역 또는 지역 간 교통수단 수준에 그친다"며 "요금도 지하철·버스보다 비싸기 때문에 통근 교통수단으로서 기본적으로 갖춰야 할 서비스 지표를 확보하지 못한 상태"라고 분석했다.

김동규 서울대 건설환경공학부 교수는 "출퇴근 통행은 특히나 통행시간에 민감하다"며 "잠실~마곡 구간을 예로 들어 지하철로 1시간 안팎이면 이동할 수 있는데, 집에서 선착장까지 가서 54분 걸리는 급행 리버버스를 타고 다시 선착장에서 목적지까지 이동하려는 수요가 얼마나 있겠느냐"고 반문했다.

박동주 서울시립대 교통공학과 교수도 "리버버스가 부대 시설이 많고 앉아서 출퇴근한다는 장점은 있지만, 요금이 다른 대중교통수단보다 비싸고 총 통행시간이 지하철보다 더 걸릴 가능성이 높다"며 "이렇게 보면 리버버스가 지하철보다 통행시간 측면에서 비교우위가 있는 경우는 제한적일 것"이라고 말했다.

실제로 서울시도 리버버스가 버스·지하철과 비교해 통행시간 절감 효과가 얼마나 있느냐는 질문에 명확한 답을 내놓지는 못했다. "서울은 이미 버스·지하철 등의 대중교통 체계가 너무 잘 되어 있어 기존 대중교통과 비교해 통행시간 절감 효과를 모든 노선에서 가진다고 볼 수 없다. 다만 '망원~여의도' 및 '여의도~잠실급행'처럼 특정 지역과 노선에선 통행시간 절감 효과도 가질 수 있을 것으로 분석된다"는 정도의 답변이었다.

이 때문에 리버버스 활성화를 위해 통근 수요를 더 확보하는 대책이 필요하다는 목소리가 높다. 유정훈 아주대 교통시스템공학과 교수는 "현재로선 통근 교통수단으로서 리버버스의 활용성과 사업성이 거의 없다"며 "사업성을 안정적으로 높이려면 선착장까지 도보 5분 권역의 고밀도 복합개발 등을 통해 기종점 통행량을 대폭 발생시키는 방안을 강구해야 할 것"이라고 제안했다.

김현 교수도 "기존 자가용 이용자를 흡수하기 위해 '파크 앤드 라이드 **Park and Ride, 승차 지점까지 자가용으로 이동해 주차한 뒤 대중교통으로 갈아타는 방식**'를 할 수 있도록 선착장 주변에 무료 주차장을 확보하는 방안도 검토할 필요가 있다"고 말했다.

지자체 추진 트램 26개나…
"지금 왜 필요?" 답부터 찾아야

2023년 11월 8일자

우리나라에 현대식 트램의 전신인 노면전차가 처음 등장한 건 무려 124년 전인 1899년 대한제국 때다. 그해 5월 서울 서대문~청량리 구간에서 운행을 시작했다. 당시 아시아 국가 중에서는 일본에 이어 두 번째로 노면전차를 도입한 나라였다.

이후 서울 사대문 안을 중심으로 노선이 여럿 연결됐고, 평양과 부산에도 노면전차가 다니게 됐다. 노면전차는 1960년대 중반까지 꽤 유용한 서민의 발이었다. 1962년 기준으로 여객 수송 분담률이 33.8%로 57.7%인 버스에 이어 2위를 차지했을 정도라고 한다.

하지만 자동차가 점차 보급되고 노선버스가 늘어나면서 노면전차가 설 자리는 계속 좁아졌다. 노면전차가 도로 위로 다니는 탓에 승용차와 버스의 통행에 지장을 준다는 불만이 나오기 시작했다. 결국 노면전차는 첫 운행을 시작한 지 69년 만인 1968년에 전면 중단됐다.

그로부터 50여 년이 흐른 요즘 노면전차의 맥을 잇는 '트램Tram'이 다시 주목받고 있다. 서울·인천·경기·대전·울산·부산·경남 등 국내 지자체에서 추진하는 트램만 26개 노선에 연장은 416km에 달한다.

이미 유럽과 미국, 호주 등에선 트램의 인기가 상당하다. 한국철도기술연구원^{이하 철기연}에 따르면 전 세계적으로 380여 개 도시에서 트램을 운영하고 있으며 노선만 2,300개가 넘는다. 이렇게 보면 우리나라도 세계적 추세에 맞춰 트램 도입이 곳곳에서 추진되는 모양새다.

그러나 속사정은 그리 녹록지 않다. 지난 1일 열린 '경기도 트램 활성화를 위한 토론회'에서 박경철 경기연구원 선임연구위원이 발표한 '트램 활성화, 어떻게 할 것인가'라는 발제 자료를 보면 26개 노선 중 공사를 시작한 곳은 서울의 위례선 트램 하나뿐이다.

2023년 4월에 착공식을 가졌으며 2025년 9월경 개통 예정이다. 또 울산의 트램 1호선이 예비타당성 조사에 이어 지난 8월 타당성 재조사를 통과해 사업 추진의 힘든 고비를 넘겼다.

반면 난관에 부딪힌 노선들이 많다. 예비타당성 조사가 면제된 대전 트램은 지장물^{사업 시행에 방해되는 물건이나 장치} 이설비 등 사업비가 급증해 논란이다. 당초 7,492억 원이던 사업비가 1조 4,000억 원으로 2배 가까이 늘었기 때문이다.

국내에서 가장 먼저 트램 실증 사업으로 선정됐던 부산 오륙도선 역시 총사업비가 당초 470억 원에서 906억 원으로 증가하면서 사업 추진에 제동이 걸려 있다. 수원시가 추진한 트램은 2017년 예비타당성 조사에서 탈락했다. 노선 타당성을 재검토하거나, 예비타당성 조사 통과가 어려워 국비 지원을 포기하고 자체 사업으로 전환하는 사례도 있다.

이처럼 국내의 여러 트램 사업이 어려움을 겪는 건 왜일까? 박경철 위원은 "지금처럼 왕복 8차로 이상의 넓은 도로에 광역철도에 버금가는 길이의 트램을 놓으려고 해서는 사업성이 떨어진다"며 "6차로 이내 도로,

연장 10km 안팎 등 트램에 적합한 설계가 필요하다"고 말했다.

정우현 한국개발연구원 예비타당성 조사 1팀장은 "지자체가 트램을 도입하려면 가로 정비와 보행 기능 향상, 도시재생 방안은 물론 트램과 중복되는 버스 노선 체계 개편안 등을 종합적으로 따져보고 마련해야 하는데 이런 부분이 부족하다"고 지적했다.

트램 설계 규모가 대체로 과도한 데다 트램 도입을 위한 체계적인 분석과 실행 방안 마련 등 관련 준비가 미흡하다는 의미로 해석된다. 보다 근본적으로 트램의 경쟁력과 효율성을 냉철하게 따져봐야 한다는 지적도 나온다. 흔히 트램의 장점으로는 자가용이나 버스보다 훨씬 큰 대량 수송력을 꼽는다. 5모듈 1편성으로 구성된 트램은 승객 250명가량을 실어 나를 수 있다.

장점은 더 있다. 곽재호 철기연 본부장은 "트램은 배터리나 전기로 움직이기 때문에 배기가스를 거의 배출하지 않아 친환경적인 데다 독립된 선로를 이용하면 지하철 못지않은 정시성 확보도 가능하다"고 설명했다. 세련된 디자인의 트램으로 도시 경관을 바꾸고, 관광 효과를 가져올 수 있다는 의견도 있다.

하지만 이러한 트램의 장점이 전기굴절버스와 2층 전기버스 등으로 인해 크게 위협받고 있다. 우선 이들 버스는 모두 기존 내연기관 대신 전기모터로 달리기 때문에 배기가스를 거의 내뿜지 않아 트램 못지않게 친환경적이다.

또 1회 수송 가능 인원은 트램에 비해 적지만 대신 상대적으로 낮은 가격 덕분에 훨씬 많은 차량을 투입할 수 있다. 트램은 가격이 1편성당 40억 원이 넘지만 전기굴절버스는 9억~10억 원, 2층 전기버스는 8억 원가량 된다. 트램 하나 가격이면 전기굴절버스는 4대, 2층 전기버스는 5

위례신도시를 가로지르게 될 트램 조감도　　　　출처 : 서울시

대를 살 수 있다는 얘기다.

　버스 2대를 이어 붙인 형태의 전기굴절버스는 입석을 포함해 한 번에 90명 정도 탈 수 있고, 2층 전기버스는 70명 정도 된다. 동일한 시간 내에 트램이 한 편성 다닐 때 전기굴절버스는 4대, 2층 전기버스는 5대까지 촘촘하게 투입이 가능해진다는 의미다. 이 경우 전기굴절버스의 총 수송력은 360명, 2층 전기버스는 350명이나 되어 오히려 트램보다 더 많아진다.

　버스전용차로를 이용하면 전기굴절버스와 2층 전기버스 역시 일정 수준의 정시성 확보가 가능하다. 여기에 전용 신호와 입체교차로 등 간선급행버스체계BRT의 핵심 요소가 더해지면 정시 운행이 더 강화될 수 있다. 또 이들 버스는 기존 도로 용량을 감소시키는 트램과 달리 다른 버스나 승용차, 택시 등 기존 교통수단과의 갈등 유발 가능성도 거의 없다.

　이 같은 비교들을 고려하면 그동안 트램이 내세웠던 장점이 더는 독보적인 수준이 되기는 어려워 보인다. 그럼에도 트램을 도입하려면 지자체들은 그 전에 "왜 꼭 트램이어야만 하는가"라는 질문에 대한 명쾌하고 설득력 있는 답부터 찾아야 할 것 같다.

'차·포' 뗀 대한항공의 아시아나 합병…
불가피한 선택인가

2023년 10월 11일자

"대한민국 항공산업을 지속적으로 성장시키고, 공적 자금 투입을 최소화해 국민 부담을 덜기 위해 인수를 결정했다(조원태 한진그룹 회장)."

"글로벌 항공운송업이 코로나19 직격탄을 맞아 붕괴 위기다. 국적 항공사 통합을 통해 국제경쟁력을 최대한 높이는 게 최선이다(이동걸 당시 산업은행장)."

2020년 11월 16일 양대 국적 항공사인 대한항공과 아시아나항공의 합병이 발표된 이후 나온 주요 언급들이다. 아시아나항공은 같은 해 9월 HDC현대산업개발로의 인수가 무산된 후 산업은행 등 채권단 관리 아래 들어갔다. 당시 합병 소식에 "세계 7위권의 초대형 항공사가 출범한다"는 장밋빛 전망도 이어졌다. 양사의 국제 여객수송 수와 화물 운송량 등을 더한 순위였다.

그러나 합병 작업이 본격화하면서 당초 취지가 무색해지고 있다는 우려가 나온다. 대한항공은 지난 2021년 1월에 미국·EU^{유럽연합}·중국·일본·영국 등 14개 경쟁 당국에 기업결합을 신고했다. 그러나 대형 항공사 간 합병은 경쟁 관계에 있는 국가의 승인이 필요하다. 필수 승인 국가 중 한 곳만 불허해도 합병은 무산된다. 현재는 EU와 미국, 일본의 승인만 남았다.

앞서 대한항공은 영국의 승인 과정에서 아시아나항공이 보유한 런던 히스로공항의 주 7회 '슬롯^{Slot, 특정 시간에 이착륙할 권리}'을 영국 항공사인 버진애틀랜틱에 넘기기로 했다. 주요 공항의 슬롯은 항공사의 귀한 자산으로 히스로공항은 특히 슬롯 확보가 어려운 것으로 유명하다. 2017년에는 히스로공항의 출발·도착 슬롯 2개가 1,000억 원에 팔리기도 했다.

또 중국에선 46개의 슬롯을 반납하기로 하는 등 적지 않은 출혈이 생긴 탓에 합병 경쟁력이 훼손되는 것 아니냐는 걱정을 샀다. 여기에 최근 대형 악재가 터져 나왔다. 유럽연합 집행위원회^{EC}의 요구로 아시아나항공의 화물 부분을 매각하고, 유럽 4개 노선^{프랑크푸르트·바르셀로나·로마·파리}도 반납할 거란 소식이다.

2023년 10월 말께 대한항공이 이런 내용을 담은 합병 시정서를 제출하면 연말쯤 EC의 결정이 날것이란 예상이다. 아시아나항공의 화물부문은 지난해 매출이 3조 원으로 작년 전체 매출인 5조 6,300억 원의 절반을 넘는 것으로 알려져 있다. 상황이 이렇다 보니 당장 "차·포 다 뗄 거면 뭐하러 합병을 하느냐", "껍데기만 남기고 합병할 거냐"는 등의 비판이 나온다.

하지만 대한항공은 국내 항공산업의 재편과 경쟁력 강화를 위해 불가피한 선택이라고 항변한다. 화물부문 매각과 노선·슬롯 반납 등을 하면 단기적으로는 손실이지만, 합병이 성사되면 양사의 글로벌 네트워크 결합을 통해 중장기적으로는 충분히 경쟁력 회복이 가능하다는 것이다.

게다가 항공 화물 분야는 코로나19로 잠시 호황이었을 뿐 대체로 적자 구조이므로 상대적으로 큰 손실은 아니라는 게 대한항공의 설명이다.

이기광 대한항공 전무는 "법적으로 국내 항공사나 기업에 넘겨야 하므로 국부 유출 가능성은 없다"며 "합병이 무산되고 최악의 경우 아시아나항공이 문을 닫게 되면 대규모 실직 사태도 큰 문제지만 그동안 구축해놓은 글로벌 항공 네트워크가 무너지기 때문에 우리 항공산업의 경쟁력이 크게 약화할 것"이라고 말했다. 한진해운 파산 때와 유사한 후폭풍을 우려하는 것이다.

또 다른 대한항공 관계자는 "해외 대형 항공사는 자국의 허브공항에서 최소 50% 이상 슬롯을 갖고 있지만, 우리는 인천공항에서 대한항공과 아시아나항공으로 나뉘어 있는 데다 합쳐도 채 40%가 안 된다"며 "이 상태로는 네트워크 경쟁력이 떨어져 생존이 쉽지 않다"고 토로했다.

산업은행도 "합병 작업은 계속 진행돼야 하며 제3자 매각 같은 '플랜B'는 없다"는 입장이다. 1,800%에 육박하는 아시아나항공의 부채비율과 막대한 금융비용 부담 등을 고려하면 제3의 인수자를 찾기는 쉽지 않을 거란 계산도 깔렸다는 해석이다.

그러나 현재 진행되는 합병 방향을 두고 상당한 우려와 비판이 있는 것도 사실이다. 익명을 요구한 항공업계 관계자는 "화물까지 매각하면 합병을 통한 시너지가 상당 부분 사라질 수 있다"며 "EU에 양보하면 남은 미국, 일본도 유사한 요구를 할 가능성을 배제하기 어려울 것"이라고 지적했다.

주무부처인 국토교통부는 물론 대통령실에서도 합병과 대한항공의 독점 강화에 대한 부정적인 언급이 나온 것으로 전해진다. 산업은행에 대해서도 "항공산업의 경쟁력은 고려 없이 자기 부담만 덜어내려고 불합리한 결정을 한 게 아니냐"는 불만이 나온다.

일부에선 대한항공의 모회사인 한진칼에 산업은행이 8,000억 원지분율 10.58%을 투자한 걸 고려해 조원태 회장이 경영권 방어만 염두에 두고 합병에 몰두하는 거 아니냐는 관측도 한다. 물론 대한항공은 "합병 추진은 경영권 방어와는 무관하다"고 반박한다.

전문가들의 시각도 엇갈린다. 박진서 한국교통연구원 항공교통연구본부장은 "지금 상황이라면 합병의 시너지와 경쟁력이 많이 약화할 수밖에 없다"며 "합병 외의 다른 방안도 재검토할 필요가 있을 것"이라고 지적했다.

반면 송기한 서울과학기술대 교수는 "단순하게 시너지 효과가 없어진다고 판단하기에는 시기상조"라며 "양보로 인한 손실을 뛰어넘을 수 있는 네트워크 재구축과 수익률 증대 전략이 가장 중요하다"고 말했다.

이렇게 보면 합병 과정은 쉽사리 한쪽으로 재단하기는 어렵다. 하지만 대한항공에만 모든 걸 맡기고, 책임도 떠넘기는 모양새는 항공산업의 미래를 위해서도 결코 바람직하지 않다. 대한항공과 산업은행, 국토부, 공정거래위원회 등 관계자들이 함께 합병 취지와 진행 과정, 전망 등을 엄밀히 따져보고 정책 방향을 재점검해야 할 때다.

'땅속 경부고속도로' 3가지 방안…
"양재IC 퍼즐부터 맞춰야"

2023년 8월 16일자

총연장 400km가 넘는 경부고속도로^{이하 경부선}는 1970년 개통했다. 이후 50년이 넘는 세월 동안 경부선은 확장과 선형 개량 등 여러 변화를 겪었다. 그러다 최근엔 전례 없는 변신을 준비 중이다. 바로 '지하화'다. 엄밀히 말하면 기존 도로 아래에 새로 지하도로를 뚫는 것이니 지하와 지상이 공존하는 '2층 고속도로'라고 할 수 있다.

현재 경부선 안팎을 둘러싼 지하화 사업은 크게 세 갈래로 진행되고 있다. 우선 국토교통부^{이하 국토부}가 상습정체 구간인 기흥IC~양재IC 사이 26.1km 구간에 대해 추진하는 지하도로 건설사업이 있다.

기존 노선 아래 40~50m 깊이의 대심도^{大深度} 왕복 4~6차로를 건설해 도로 용량을 대폭 늘리겠다는 내용이다. 2027년 착공을 목표로 한국개발연구원^{KDI}에서 예비타당성 조사를 진행 중이며, 추정 사업비만 3조 8,000억 원에 달한다. 과거 경부선 위에 2층 도로를 만드는 아이디어도 나온 바 있지만 결국 지하로 들어가는 셈이다.

국토부가 밀고 있는 또 다른 방안은 '양재~고양 지하고속도로' 민자

사업이다. 민간 건설사가 먼저 제안한 사업으로 서울문산고속도로와 경부고속도로를 지하 대심도로 연결하는 개념으로 본선 길이만 26km에 이른다. 설계속도도 고속도로답게 시속 100km이며, 한남·서빙고·망원·당산 등에 IC^{나들목}도 계획돼 있다.

개통되면 수도권 서북지역을 오가는 광역 교통량을 상당 부분 소화할 수 있을 것으로 예상한다. 정천우 국토부 도로투자지원과장은 "올해 2월 KDI의 민자 적격성 심사를 통과했으며 제3자 공모를 앞두고 내부 검토 중"이라고 밝혔다. 민간 제안 사업은 민자 적격성 심사를 통과하면 다른 건설사에도 아이디어 제안과 입찰 기회를 주는 제삼자 공모를 한다.

여기에 서울시가 추진하는 '경부간선도로 지하화 사업'도 있다. 양재 IC~반포IC 사이 6.9km 구간 지하에 중심도^{깊이 5~40m}로 지하도로를 건설하고, 기존 상부 도로는 최소 차로만 남겨 주변 생활도로와 평면 연결하겠다는 계획이다.

이 구간에 길게 뻗은 선형공원을 조성한다는 구상도 있다. 현재 한국지방행정연구원에서 타당성 조사를 진행 중이다. 양재~반포 구간은 당초 경부선에 속했으나 2002년 관리권이 한국도로공사에서 서울시로 이

경부고속도로 양재~기흥 지하도로 개념도   출처 : 국토교통부

관되면서 제한속도가 시속 80km인 간선도로로 바뀌었다. 이에 따라 명칭도 '경부간선도로'로 불린다.

이들 세 가지 사업이 모두 2030년대 초반에 완공되면 경부선 수도권 구간의 상습 정체가 해소되는 데다 고속도로로 단절됐던 양재~반포 구간을 다시 잇고 주변 개발도 가능해지는 등 여러 효과를 기대할 수 있다는 평가다.

그러나 전례 없는 대규모 공사답게 넘어야 할 산도 많다. 무엇보다 기존 지상 도로에 세 갈래 지하도로까지 한데 모이게 될 양재IC 부근의 접속부를 어떻게 교통 정리를 하느냐가 관건이다. 지하와 지상 모두 제한 없이 오갈 수 있도록 연결하려면 상당히 복잡한 퍼즐을 맞춰야만 하기 때문이다.

오철 한양대 교통물류공학과 교수는 "복잡한 진·출입 접속부에서 운전자가 상당한 혼란을 겪을 가능성이 높기 때문에 교통 소통 진단을 통한 선제적 방안 마련이 필요하다"며 "양재IC 부근에서 새로운 병목으로 인한 정체 발생 가능성도 짚어봐야 할 것"이라고 지적했다.

전기현 서울시 도로계획과장은 "양재IC 안팎의 접속 문제가 쉽지 않은 건 사실"이라며 "현재 한국도로공사에서 접속부의 원활한 교통처리를 위해 시뮬레이션 분석 중인 것으로 안다"고 말했다.

지하도로 안전 문제도 큰 숙제다. 30km 가까운 길이에 시속 100km로 달리는 대심도 지하고속도로는 외국에서도 유례를 찾아보기 어렵다. 김현 한국교통대 교통에너지융합학과 교수가 지난 2월 발표한 '대심도 지하 고속도로의 효과 및 외국 사례' 자료를 보면 대표적인 지하도로 사례로 꼽히는 미국 보스턴의 '빅딕**2006년 완공**'도 12km 길이에 설계속도는 시속 65km에 그친다.

스페인 마드리드, 프랑스 파리 등지에 건설된 지하도로 역시 길이가 10km 이내에 설계속도도 시속 70km를 넘지 않는다. 그나마 길다고 알려진 일본 도쿄순환도로의 대심도 터널도 16km가량이다. 국내에선 2021년 개통한 서울 서부간선지하도로가 10.3km로 가장 길며 설계속도는 시속 80km다.

김현 교수는 "지하도로는 진·출입 문제 때문에 접근성이 떨어지고, IC 설치가 어려워 대규모 운영에 한계가 있다"며 "특히 대심도 도로는 사고가 발생할 경우 그 피해가 심각하기 때문에 방재 계획도 아주 신중하게 짜야 한다"고 말했다. 그는 또 "대심도 구간은 연장이 길수록 사업비가 증가하기 때문에 수요만 고려해서 터널 규모를 결정하면 운영 및 유지·보수 측면에서 어려울 수 있을 것"이라고 지적했다.

지하화 사업 주체가 국토부와 서울시, 민간사업자 등으로 나누어지는 데 따른 의사결정 체계의 혼선을 우려하는 목소리도 나온다. 앞서 국토부와 서울시, 경기도, 한국도로공사는 지난 1월 경부 지하고속도로 사업의 원활한 추진을 위한 업무협약을 맺었다.

유정훈 아주대 교통시스템공학과 교수는 "사실상의 고속도로를 한국도로공사 구간과 서울시 구간으로 나눠서 따로 추진하는 건 부적절하다"며 "국토부가 컨트롤 타워를 맡아서 기획부터 설계·공사·운영까지 전 과정을 총괄하는 게 필요하다"고 말했다.

유 교수는 또 "도로망 구축 전에 미래의 수도권 공간을 어떻게 입체적으로 만들지에 대한 구상부터 수립해야 한다"며 "큰 청사진 없이 각기 도로부터 만들면 또 하나의 난개발이 될 수도 있다"이라고 우려했다.

경부선 지하화 사업은 국내는 물론 외국에서도 아직 가보지 않은 길이다. 새로운 길을 개척한다는 의미도 크지만 그만큼 감수해야 할 위험도 적지 않다. 서두르기보다는 하나하나 세밀히 짚어가며 추진해야 하는 이유다.

예비타당성 조사 건너 뛰고 신공항 지으려는 '특별법 정치'

2023년 2월 28일자

공항과 철도 같은 대규모 국책사업을 추진하기에 앞서 기획재정부 주관으로 사전에 타당성을 검증하는 '예비타당성 조사'가 도입된 건 지난 1999년이다. 이전까지는 각 부처가 자체적으로 타당성 조사를 진행하고 사업을 추진한 탓에 객관성과 신뢰성에 문제가 있다는 지적이 많았다.

실제로 1994~1998년 사이 실시된 타당성 조사 33건 가운데 탈락한 사업은 단 1건에 불과했다고 한다. 타당성 조사가 부실한 데다 정치권 로비에도 취약하다 보니 계획보다 사업비와 공사 기간이 급증하는 일이 적지 않았다. 예비타당성 조사 제도가 탄생한 배경이다.

국가재정법에 명기된 예비타당성 조사는 총사업비 500억 원 이상에 국가 재정 지원 규모가 300억 원이 넘는 신규사업이 대상이다. 사회기반시설SOC 사업은 물론 정보화 사업, 국가연구개발사업 등 정부가 재정을 지원하는 거의 모든 사업이 포함된다.

예비타당성 조사에서는 투자비와 편익을 비교하는 '경제성 분석', 계량화가 어려운 사회적 가치를 파악하는 '정책적 분석', 고용 유발 효과 등

'지역 균형 발전 분석'을 진행한다. 이 중 경제성$^{B/C}$ 분석은 통상 1.0을 넘어야 사업성이 있다고 평가된다.

제도의 효과는 상당하다. 김주영 한국교통대학 교수가 최근 대한교통학회에서 발표한 '현 예비타당성 조사 제도하에서의 특별법 적용 문제점'에 따르면 1999~2021년 사이 실시한 767개 사업의 예비타당성 조사 가운데 207개 사업이 타당성이 낮아 제동이 걸렸다. 이로 인한 사업비 절감액만 170조원에 육박한다는 분석이다. 김 교수는 "예비타당성 조사 제도가 불요불급한 대형 사업 추진을 막고 재정 효율화에 기여한 것으로 평가된다"고 말했다.

물론 긍정적인 면만 있는 건 아니다. 경제성을 우선하는 탓에 인구가 적은 지역은 예비타당성 조사에 막혀 필요한 사업을 못 하는 사례가 적지 않다. 예비타당성 조사에 사용하는 각종 지표의 적정성과 다양성을 두고도 논란이 있다. 그럼에도 예비타당성 조사의 효용을 부인하긴 어려운 게 사실이다.

그런데 요즘 정치적 이해득실에 따라 예비타당성 조사를 아예 무력화하려는 시도가 이어지고 있다. 여야 정치권 주도로 특정 사업을 위한 특별법을 만들고, 예비타당성 조사 면제 규정을 넣는 방식이다. 특별법은 일반법보다 우선 적용되기 때문이다. 그야말로 '특별법 정치'다. 지난 2021년 2월에 국회를 통과한 '가덕도신공항 특별법'이 대표적이다.

앞서 총리실이 꾸린 검증위원회가 김해신공항 사업을 부적격으로 판단하자 여야 정치권이 앞다퉈 가덕도에 24시간 운영이 가능한 관문공항을 짓는 특별법을 발의했다. 가덕도는 2016년 실시된 영남권 신공항 입지 평가에서 김해공항과 밀양에 이어 3위에 그친 지역이다. 그러나 부산시장 보궐선거에다 이듬해 대통령선거까지 겹치면서 여야 모두 부산·경남 표심을 잡기 위해 특별법을 밀어붙인 것이다.

이 탓에 정부 차원의 공식적인 입지 선정 절차는 물론 예비타당성 조사까지 모두 건너뛰었다. 정치권이 대형 SOC 사업의 입지와 규모, 게다가 예타 면제까지 특별법으로 정해버린 첫 사례였다. 가덕도신공항은 사전타당성 조사 결과, 길이 3,500m 활주로 1개와 여객터미널 등을 짓는 데만 13조 원 넘게 들어갈 것이란 추정이다. 공사를 시작하면 돈이 훨씬 더 소요될 것이란 관측도 나온다.

당시 가덕도신공항 특별법을 두고 제기된 더 큰 우려는 정치적 계산에 따른 유사 사례가 계속 나올 거란 점이었다. 그런데 우려가 현실이 되고 있다. 이번엔 '대구경북통합신공항TK신공항'이다. TK신공항은 현재 공군과 민간이 함께 쓰고 있는 대구공항을 경북 군위군 소보면과 의성군 비안면 일원으로 옮겨 2030년 개항할 계획이다.

국민의힘 주호영 의원 등 여야 의원 66명은 지난해 8월 TK신공항의 군공항은 물론 민간공항 사업비 부족분을 정부가 지원하고, 필요한 경우 예비타당성 조사를 면제하도록 하는 내용의 특별법을 발의했다. 이 가운데 민간 공항이 논란이다. 대구시는 민간 공항 부분에서 길이 2,750m 활주로 2개 중 하나를 대형 여객기의 이착륙이 가능하도록 3,800m로 늘리고, 활주로 하나를 추가로 건설하는 방안까지 제시하고 있다.

대구시가 추정하는 민간 공항 추가사업비는 최대 3조 원이다. 이를 통해 2060년엔 이용객이 2,887만 명에 달할 거라고 예상한다. 가덕도신공항의 예상 수요는 이보다 적은 2,231만 명이었다(2060년 기준). 상황이 이렇다 보니 가덕도에 이어 TK신공항까지 대규모로 짓는 게 타당한지를 두고 우려가 나온다.

대한교통학회가 얼마 전 박사 학위자와 기술사 자격증을 소지한 회원

153명을 대상으로 실시한 설문조사에서도 응답자의 60.2%가 "TK신공항 중 민간 공항의 규모가 부적절하다"고 답했다. 또 응답자의 70%는 정치권이 특별법으로 예비타당성 조사를 면제토록 하는 것에 반대했다.

홍석진 미국 노스텍사스대학 교수는 "공항을 크게 지어도 운항하는 항공사가 없으면 무용지물"이라며 "수요와 수익 등을 따져보면 인천공항과 가덕도공항, TK신공항 모두에서 장거리 운항에 나설 국내외 항공사가 몇이나 있겠느냐"고 지적했다.

공항이나 철도는 한번 지어놓고 나면 텅텅 비어도 돌이키기 어렵다. 지자체 요구를 무분별하게 수용하거나 정치적 표 계산에 따른 것이 아닌 제대로 된 전문가의 검증과 평가, 그리고 객관적인 정책 결정이 필요하다.

17년 독점에…
한국 고속철, 값은 치솟고 경쟁력은 뒷걸음

2022년 10월 11일자

지난해 코레일은 2025년 개통 예정인 인천발 KTX와 수원발 KTX에 투입할 고속열차 2편성**16량**을 발주했다. 예산은 모두 822억 원으로 한 량당 51억 원이 조금 넘는 가격을 책정했다. 2016년 발주와 비교하면 10억 원가량 오른 금액이다.

그러나 8월과 9월, 12월 등 세 차례에 걸쳐 진행된 입찰은 참가 업체가 한 곳도 없어 모두 불발됐다. 국제 경쟁입찰로 진행됐지만, 물량이 워낙 적은 탓에 외국업체는 애초 참여가 어려웠다. 국내에선 현대차그룹의 계열사인 현대로템이 유일하게 고속열차 제작이 가능하지만, 가격이 너무 낮다는 이유로 응찰하지 않았다고 한다.

당시 현대로템은 예정가보다 20억 원이나 높은 한 량당 71억 원을 제시한 것으로 알려져 있다. 결국 입찰은 무산됐고, 코레일은 조만간 인천발·수원발 KTX 16량을 포함해 모두 136량**17편성**의 고속열차를 발주할 계획이다.

'동력 집중식'인 기존 KTX나 KTX-산천과는 다른 '동력 분산식'인

276

EMU-320을 도입하게 된다. 동력 집중식은 맨 앞의 동력차가 뒤에 연결된 객차를 끌고 달리는 방식인 반면, 동력 분산식은 별도의 동력차 없이 객차 밑에 모터를 분산 배치해 주행하며 가·감속이 뛰어나다.

이 같은 입찰에 얽힌 뒷얘기는 최근 국회 허종식 더불어민주당 의원이 배포한 국정감사 자료에서도 확인됐다. 이에 따르면 현대로템이 사실상 독점인 국내 고속열차 시장에서 입찰을 고의로 무산시킨 뒤 예정가보다 높은 가격에 계약을 체결한 사례가 여러 번 있었다.

국내 고속열차 시장에서 현대로템이 독점적 지위를 누리게 된 것은 17년 전으로 거슬러 올라간다. 2005년 말 코레일이 실시한 신규 고속열차 10편성 입찰에서 순수 국내 기술로 개발한 '한국형 고속열차일명 G-7 열차'가 프랑스 알스톰사의 테제베TGV를 누르고 계약을 따냈다. 이 G-7 열차를 개량해 납품한 열차가 'KTX-Ⅱ', 지금의 'KTX-산천'으로 제작사가 바로 현대로템이다.

당시 현대로템은 국내 유일의 열차 제작사였다. 1990년대까지만 해도 국내에서 열차를 만드는 회사는 대우중공업, 현대정공, 한진중공업 등 3곳이 있었다. 하지만 외환위기 뒤인 1999년 7월 정부가 철도산업의 경쟁력을 높이겠다며 세 회사의 철도차량 사업 부분을 떼어내 하나로 합쳤다. 철도차량 제작 분야에서 국내 독점인 '한국철도차량'이 만들어진 것이다.

2년 뒤 이 회사는 현대차그룹으로 인수돼 2002년 1월 '로템'으로, 2007년엔 현재의 이름인 '현대로템'으로 명칭이 바뀌었다. 이때부터 현대로템은 국내 철도시장에서 그야말로 독점적인 지위를 누렸다. 고속열차 국산화, 전동차 수출 등 다양한 분야에서 실적을 보이기도 했지만, 독점으로 인한 부작용이 적지 않다는 비판도 상당했다.

이런 사실은 2009년 말 서울 도시철도공사현 서울메트로가 국내 지하철 운영기관으로는 처음으로 전동차 자체 제작을 추진한 배경과도 연결된다. 내부적으로 현대로템이 독점이다 보니 품질에 비해 가격이 너무 비싸다는 불만이 큰 요인이었다고 한다.

다행히 수년 전부터 현대로템이 누리던 열차 시장 독점체제는 상당 부분 해소되고 있다. 비록 규모는 현대로템보다 훨씬 작지만, 우진산전과 다원시스라는 두 회사가 철도차량 제작에 뛰어들면서 새롭게 경쟁 체제가 형성된 것이다.

이런 와중에도 현대로템이 줄곧 철옹성을 구축하고 있었던 게 바로 고속열차 분야다. 중소기업인 우진산전이나 다원시스가 쉽게 도전할 수 없는 영역이기 때문이다. 그런데 최근 고속열차 분야의 독점에도 균열이 생길 조짐이 나타났다. 코레일이 발주할 예정인 고속열차 입찰에 우진산전이 스페인의 열차 제작사인 탈고와 손잡고 참여할 의사를 밝힌 것이다.

그러자 현대로템과 밀접한 관계를 맺고 있는 국내 열차 부품업체들이 "고속열차 입찰에서 해외 업체의 참여를 무분별하게 허용하면 철도산업 생태계가 완전히 무너질 것"이라는 호소문을 발표했다. 국회 앞에서 해외 업체의 입찰 참여를 막아달라며 집회까지 열었다.

사실 스페인 마드리드에 본사를 둔 탈고는 매출 규모나 기술 수준으로 보면 세계 정상급 기업은 아니라는 평가다. 게다가 코레일이 발주하려는 동력 분산식 고속열차는 탈고의 주력 종목도 아니다.

그런데도 부품업체들이 민감한 반응을 보인 건 왜일까? 익명을 요구한 철도업계 관계자는 "현대로템이 탈고와의 기술 및 가격 경쟁에서 불리한 것으로 보인다는 분석이 많다"며 "현대로템과 연관이 깊은 부품업체들이 그래서 위기감을 느끼는 것 같다"고 말했다.

프랑스·독일 등에선 고속철 입찰 때 국내 철도산업 보호를 위해 자국기업에만 참여를 허용한다는 주장도 일부에서 나오지만, 이는 사실과 다르다. 국토교통부와 코레일, SR 등에 따르면 유럽 국가들은 자신들이 제시한 형식 승인, 즉 기술기준만 통과하면 입찰에 제한을 두지 않는다.

오래전 정상급의 알스톰을 눌렀던 기술력은 사라지고, 이젠 해외 중위권 업체와의 경쟁도 버거워할 만큼 우리 고속철의 수준이 퇴보했다는 느낌이다. 기술개발과 투자는 소홀히 한 채 독점적 지위를 향유하며 납품가만 올리는 방식으로는 더는 국제적 경쟁력을 갖추기 어렵다. 그래서 독점의 틀은 깨야만 한다. 경쟁이 곧 경쟁력이다.

정부가 다 지어주니…
대부분 적자인데, 공항만 20여 개 될 판

2022년 8월 15일자

'가덕도공항, 대구경북통합공항, 새만금공항, 제주 2공항, 울릉공항, 백령공항, 서산공항, 흑산공항'
현재 건설 중이거나 추진, 검토되는 신공항 사업들이다. 이 중 진척이 가장 빠른 울릉공항은 2025년 말 개항을 목표로 건설이 한창이다. 흑산공항과 새만금공항은 기본계획이 고시됐고, 예비타당성 조사가 면제된 가덕도공항은 사전타당성 조사를 마치고 기본계획 수립을 앞두고 있다.

백령공항과 서산공항은 예비타당성 조사가 진행 중이며, 제주 2공항은 환경부가 기본계획 고시 전에 시행하는 전략환경영향평가를 반려해 국토교통부가 보완 작업 중이다. 대구경북통합공항은 국토부 주관으로 사전타당성 조사가 진행되고 있다. 이들 8개 사업이 모두 추진될 경우 필요 예산만 20조 원이 넘는다.

또 아직 정부가 공식 검토하는 건 아니지만 경기남부 공항과 포천공항 등까지 합하면 신공항 논의만 10여 개에 달한다. 물론 이들 중에는 신공항과 인근 공항의 통폐합이 예정된 곳도 있다. 대구경북통합공항이 완공되는 시점에 대구공항이 폐쇄될 예정이며, 새만금공항도 인근 군산공항의 민간항공 기능을 다 가져오게 된다.

하지만 나머지 신공항은 말 그대로 새로 지어지는 공항이다. 지금 국내에서 운영 중인 공항은 인천국제공항공사가 담당하는 인천공항과 한국공항공사가 관할하는 김포·제주공항 등 14개를 합쳐 모두 15개다. 여기에 앞서 언급한 신공항들을 합하면 족히 20개는 넘는다. 이대로라면 흔히 하는 말로 '전국에 널린 게 공항'이 될 판이다.

상황이 이렇다 보니 우려가 적지 않다. 무엇보다 기존 공항도 운영이 녹록지 않은 형편인데 신공항들까지 속속 들어서면 운영난이 가중될 것이란 지적이다. 실제로 국내 공항 가운데 인천공항과 김포·제주·김해공항 등 4~5개를 제외하면 모두 만성 적자다.

정진혁 연세대 교수는 "무안공항의 경우 최근 5년간 2016~2020년 모두 660억 원의 누적 순손실을 냈고, 여수·양양·울산공항도 수백억 원의 순손실을 기록 중"이라며 "이는 절대적으로 이들 공항의 수요가 적기 때문이다"라고 설명했다. 익명을 요구한 공항 업계 고위 관계자도 "지금 있는 공항도 수요 부족 탓에 제대로 활성화하기 어려운데 계속해서 신공항을 지어대면 어떻게 하란 거냐"고 우려했다.

해당 지자체마다 신공항 규모를 더 키우고, 국제선까지 대거 유치하겠다는 포부를 내세우는 것도 부담이다. 사업비가 상당 부분 늘어날 공산이 크기 때문이다. 실제로 대구경북통합공항은 애초 공군기지 이전계획에서 출발했지만, 이제는 한해 여객 900만 명을 처리하는 중추 공항으로 만들어야 한다는 얘기까지 나오고 있다.

현재 대구공항의 여객 수요는 연간 400만 명 수준이다. 이승상 대구시 공항정책과장은 "여객 수요 전망은 물론이고 대구·경북·강원지역의

화물 물동량 등을 고려하면 신공항이 충분히 중추 공항의 역할을 수행할
수 있다"고 말했다.

　이를 위해 대구·경북지역 의원들을 중심으로 통합공항 내 민간 공항
에 소요되는 비용은 모두 국가 예산으로 지원하고, 공군기지도 '기부 대
양여사업주관기관에 대체 시설을 기부한 자에게 용도 폐지된 재산을 양여하여 국가 소유 시설을 이전하는 방식'를
기본으로 하되 부족분은 정부가 메워주라는 내용을 담은 특별법까지 발
의됐다. 민간 공항 규모를 기존 대구공항보다 훨씬 더 키우려는 의중이
담겨 있다는 관측이 나온다.

이렇게 신공항 추진이 봇물을 이루는 건 지역주민의 접근성 향상과 지역 발전 목적도 있지만, 상당 부분 정치적인 계산과 지자체의 욕구 등이 결합한 측면이 커 보인다. 문제는 객관적 경제성을 담보하지 못하면 승객과 취항 항공편 모두 거의 없는 '유령 공항'으로 전락할 가능성이 크다는 점이다.

김병종 한국항공대학 교수는 "그간 경험했듯이 공항이 새로 지어졌다고 해서 항공편이 무조건 연결되는 건 아니다"라고 말했다. 예상 수요가 적으면 국내외 항공사들이 외면할 것이란 의미다. 일본도 우리와 유사한 이유로 전국에 90여 개 넘는 공항을 만들었지만, 소수를 제외하곤 대부분 적자로 알려져 있다.

전문가들은 무분별한 신공항 추진을 막기 위한 방안으로 지자체의 책임 강화를 거론한다. 현재는 어떻게든 공항만 유치하면 정부가 100% 예산으로 공항을 건설하고, 또 해당 공항공사를 통해 운영해주기 때문에 지자체는 거의 부담이 없는 게 사실이다.

박동주 서울시립대 교수는 "총투자비용 가운데 국고 비중을 낮추고, 대신 해당 지자체의 부담을 높여 수요가 충분치 않으면 신공항을 추진하지 못하게 해야 한다"고 말했다. 다만 그는 "울릉공항처럼 대체교통수단이 필요한 지역은 예외"라고 덧붙였다.

김연명 한서대 교수도 "정부가 공항 건설비를 전액 부담하니까 각 지자체와 정치권이 서로 공항을 지어달라고 하는 것"이라며 "광역철도처럼 지자체에도 일정 부분 사업비와 운영비를 부담시키는 걸 고려해야 한다"고 지적했다.

앞으로 각 공항 간 기능과 역할의 재정립이 요구된다는 의견도 있다. 유정훈 아주대 교수는 "관문·중추공항은 두세 개면 충분하니 그 외 공항은 실정에 맞게 기능을 재조정해야 한다"며 "특히 지방 공항은 비즈니스 소형 비행기, 레저용 경비행기 등 새로운 항공 비즈니스·레저 수요를 창출하는 방향으로 정책 목표와 실행 방안을 마련해야 할 것"이라고 말했다.

제주 갈 때도 인천공항으로?…
김포공항 이전 논란

2022년 1월 4일자

김포국제공항의 시작은 1939년 일본군이 당시 경기도 김포군 양서면 방화리현 서울 강서구 공항동에 건설한 활주로였다. 일본군의 비행 훈련장으로 사용되다가 1945년 광복 이후에는 미군 비행장으로 사용됐다.

김포공항이 국제공항으로 지정된 건 1958년으로, 서울 여의도공항에서 뜨고 내리던 국제선이 옮겨왔다. 인천공항을 제외한 국내 14개 공항을 운영하는 한국공항공사에 따르면 시설 측면에서 김포공항이 제대로 모습을 갖춘 건 1971년 국내선 신청사가 준공되면서부터다.

1988년 서울올림픽을 계기로 김포공항은 규모 면에서 획기적으로 성장한다. 국내선 터미널과 국제선 제1터미널, 국제선 제2터미널 등 3개의 여객터미널을 갖췄다. 노태우 정부 때인 1989년 시행된 해외여행 자유화는 공항 성장에 기폭제가 됐다.

여행객이 폭발적으로 늘면서 공항 수용 능력이 포화 상태에 이를 정도였다. 확장이 절실했지만 공항 주변으로 주거지역이 넓어진 데다 항공기 소음 피해를 고려한 '커퓨타임curfew time, 야간 운항 제한' 등의 제약으로 여의치 않았다. 이런 문제를 풀기 위해 1990년대 인천국제공항 건설이 착수됐다. 하지만 인천공항 개항**2001년 3월**은 김포공항으로선 큰 시련이었다. 미국과 일본, 유럽 등 28개국 70여 개 도시를 오가던 국제선이 모두 인천공항으로 이전한 탓에 국내선 전용 공항으로 축소됐다. 그러다 2003년 일본 도쿄의 하네다공항을 오가는 국제선이 열리면서 숨통이 다시 트였다.

이어 2007년 중국 상하이**홍차오공항**, 2008년 일본 오사카**간사이공항**, 2011년 중국 베이징**서우두공항**, 2012년 대만 타이베이**쏭산공항** 노선이 잇따라 열렸다. 동북아의 비즈니스 중심 공항으로 자리 잡으면서 2019년에는 운항 편수 8만여 회에 여객 1,500만 명을 기록했다.

2년 전 발생한 신종 코로나바이러스 감염증 탓에 다시 위기를 맞았지만, 제주노선 등 국내선이 선전해 그나마 버티고 있다. 국제선이 모두 끊긴 2021년에도 국내선 여객은 1,000만 명을 넘었다.

우여곡절을 겪으며 80년 넘게 명맥을 유지해온 김포공항이 그야말로 존폐의 기로에 설지도 모를 상황을 맞고 있다. 2022년 3월 대통령 선거를 앞두고 여당인 더불어민주당이 김포공항의 인천공항 이전 방안을 유력하게 검토하고 있기 때문이다.

최근 본지 보도에 따르면 당내 일부 반대 등으로 한동안 수면 아래에 있던 방안이었지만 이재명 민주당 대선후보가 2021년 12월 중순 비공개 고위 전략회의에서 김포공항 이전을 부동산 공급대책의 핵심으로 사실상 낙점했다고 한다.

730만㎡에 달하는 김포공항 터에 20만~30만 호의 주택을 짓겠다는 구상이다. 면적으로는 위례신도시 급이다. 김포공항을 옮기면 서울 강서·양천, 인천과 경기 부천 지역의 고도 제한에 따른 개발 제한과 소음

문제도 해결돼 서남권 개발 활성화가 가능하다는 점도 고려했다는 후문
이다.

이 후보는 "이기려고 선거하는 것이다. 김포공항 공약을 내실 있게 준
비하라"고 주문했다고 한다. 조만간 민주당이 김포공항 이전 등을 포함
한 부동산 공급 대책을 발표할 것이란 예상도 나온다. 하지만 김포공항
이전은 결코 섣불리 결정할 사안이 아니라는 지적이 많다.

여행객의 불편이 커지고, 항공산업에 미칠 부작용이 상당하기 때문
이다. 우선 김포공항이 인천공항으로 옮겨가면 국내선 승객은 현재보다
훨씬 먼 거리를 이동해야만 한다. 여당 내에서도 "제주도 가기 위해 인천
공항까지 가야 하느냐"는 우려가 나왔을 정도다.

지역에 따라선 실제 비행시간보다 공항까지 가는 시간이 더 걸릴 수
있다. 비즈니스 중심 공항으로서의 위상도 유지하기 어려워진다. 익명
을 요구한 한 전문가는 "김포공항은 뛰어난 도심 접근성, 짧은 출입국 동

김포공항에 우뚝 세워져 있는 관제탑

선 등 강점이 많다"며 "만약 인천공항으로 이전하면 이런 경쟁력이 상당 부분 사라질 것"이라고 우려했다.

현실적으로 인천공항이 김포공항의 국내선 수요를 전부 감당하기도 어렵다. 활주로와 여객터미널 등 시설 확충도 문제지만 무엇보다 항공기가 오가고 이착륙할 수 있는 공역과 슬롯**시간당 최대 이착륙 가능 횟수**이 부족하기 때문이다.

휴전선과 공군 훈련 등의 영향으로 지금도 인천공항에서 뜨고 내리는 항공기가 다닐 수 있는 하늘 공간이 좁은 데다 이를 넓히기도 힘들다는 설명이다. 노선 감축이 불가피하다. 김경욱 인천공항 사장도 "김포공항 수요를 인천공항에서 전부 감당하기는 어렵다"고 밝힌 바 있다.

또 수많은 일거리를 창출할 미래 먹거리 중 하나로 꼽히는 도심항공교통[UAM] 구축에도 큰 지장을 줄 수 있다는 우려가 나온다. 한국공항공사는 한화시스템·SK텔레콤 등과 함께 김포공항을 UAM 허브로 만드는 계획을 추진 중이다.

정부도 지난해 말 3조 원을 들여 김포공항 일대에 UAM 이착륙장을 만들고, 항공 관련 업무·교육시설과 모빌리티 혁신사업 시설을 조성하는 내용의 도시재생 뉴딜사업 계획을 발표한 바 있다. 그러나 김포공항이 옮겨간다면 모두 허사가 될 수밖에 없다.

공항을 짓기는 쉬워도 제대로 키우기는 정말 어렵다. 무안·양양 등 여러 공항의 사례에서 쉽게 확인할 수 있다. 자칫 표 계산만 앞세우다 어렵게 일궈놓은 공항의 경쟁력을 순식간에 잃어버릴 수도 있다. 공약을 발표하기 전에 보다 깊이 있는 검토와 고민이 요구된다.

통행료 확 낮추자니 국민연금이 걸리네, 일산대교 딜레마

2021년 6월 22일자

일산대교는 경기도 고양시 법곳동^{이산포 IC}과 경기도 김포시 걸포동^{걸포 IC}을 잇는 길이 1.84km의 왕복 6차로 다리다. 한강을 가로지르는 27개의 자동차용 교량 중 하나다. 그런데 다른 다리와 달리 일산대교는 2008년 개통 초기부터 줄곧 논란의 대상이 되고 있다. 한강 교량 가운데 유일하게 받는 통행료 때문이다. 현재 승용차 기준으로 편도 1,200원이다.

한강 다리 중에는 고속도로 구간에 포함돼 유료도로인 곳도 있지만, 일산대교처럼 다리를 건너는 대가만으로 요금을 내는 경우는 없다. 굳이 전례를 찾자면 1981년 동아건설이 민자사업으로 준공한 원효대교가 있긴 했다. 당시 통행료는 200원이었다고 한다. 하지만 통행료 탓에 운전자들이 이용을 꺼려 시설 유지비도 뽑지 못하는 상황이 되자, 1983년 2월 서울시에 기부채납됐고 이후 통행료가 사라졌다.

일산대교가 통행료를 받는 이유도 민자사업이기 때문이다. 대림산업, 현대건설 등이 참여해 수익형 민자사업^{BTO, Build - Transfer - Operation}으로 건설됐다. 2,248억 원을 투입해 개통한 뒤 소유권을 경기도에 넘기는 대신 30년 동안 통행료를 받아 투자비를 회수하는 방식이다. 추정 수입에 못 미칠 경우 경기도가 일정 수준까지 메워주는 최소운영수입보장**MRG, Minimum Revenue Guarantee**도 포함됐다.

고양과 김포 사이에 다리가 생긴 건 반가운 일이었지만 다른 다리와 달리 통행료를 내야 하는 건 주민들에겐 불만일 수밖에 없었다. 게다가 다른 민자고속도로와 비교해도 요금이 무척 높다. 승용차로 서울춘천고속도로 전 구간**61.4km**을 전부 달리면 승용차는 4,100원을 낸다. km당 67원꼴이다. 반면 일산대교는 km당 652원으로 거의 10배다.

유정훈 아주대 교수는 지난달 열린 민자도로 관련 토론회에서 주제 발표를 통해 "유료도로법은 부근에 통행할 다른 도로가 있을 것을 유료도로의 요건으로 하고 있으나, 일산대교는 가장 가까운 김포대교와 8km 이상 떨어져 있어 평균 1.6km 간격인 서울시 구간과 비교했을 때 대체 도로가 있다고 볼 수 없다"고 지적했다.

또 "통근, 통학 등 빈번한 이동이 요구되는 도시 생활권역에서 3분이면 갈 수 있는 구간을 22분 이상 추가로 우회해 운행하게 되는 김포대교를 대체 도로라고 주장하는 건 불합리하다"라고도 했다. 상황이 이렇다 보니 개통 초부터 통행료를 낮추거나 폐지해야 한다는 요구가 거셌다.

지역주민과 시민단체는 물론 경기도 의회와 이재명 경기지사까지 나섰다. 이 지사는 최근 자신의 사회관계망서비스**SNS**에 "도로는 엄연한 공공재다. 불합리한 운영으로 정부와 국민에게 과도한 부담을 지운다면 시정하는 게 당연하다"고 적었다. 전임 남경필 지사도 통행료 인하를 두고 법적 다툼까지 벌였지만 패소했다.

사실 이런 형편이라면 민자사업자가 지역과 정치권 눈치를 봐서라도 통행료를 일부 낮췄을 만도 하다. 하지만 그러지 못하는 사연이 있다. 일산대교 운영권을 100% 보유한 출자자가 바로 국민연금공단^{이하 국민연금}이기 때문이다. 국민연금은 2009년 11월에 지분 100%를 2,000억 원에 사들이면서 경기도와 새로 실시협약을 맺었다.

당시 약속받은 연간 수익률이 8%가량이다. 당초 9%대에서 낮춰진 수치이지만 지금 같은 저금리 시대엔 상당히 쏠쏠한 수준이다. 국민연금으로선 운영권을 행사하는 2038년까지 꽤 안정적인 수익원을 확보한 셈이다.

그런데 통행료를 내리면 별다른 지원이 없는 한 수익률도 떨어진다. 결과적으로 국민의 노후 자금 운용에 차질이 생기게 되는 거라 수용하기 어렵다. 국민연금 측은 "통행료는 경기도와 체결한 실시협약에 의해 주무관청인 경기도가 결정하는 것"이라며 문제 없다는 입장이다.

요금 인하가 어렵다면 아예 일산대교 지분을 전량 사들여 무료 통행으로 바꾸는 방법도 있다. 이성훈 경기도 건설국장은 "일산대교 출자지분과 관리운영권 인수 등을 포함한 방안을 추진 중으로 조속히 개선책을 마련하겠다"고 밝혔다.

문제는 가격이다. 남은 운영 기간 국민연금이 얻을 예상 수익을 현재 가치로 환산해서 사야 하는데 산정 방식에 따라 상당한 금액 차가 날 수도 있다. 일부에서는 2038년까지 국민연금의 통행료 수입이 7,000억 원에 달할 것이란 전망도 나온다. 익명을 요구한 경기도 관계자는 "지분 매입에 생각보다 돈이 많이 들어갈 수도 있다"고 우려했다.

국민연금공단 기금운용본부 관계자는 "국민의 노후 자금을 관리하는 책임이 있는 만큼 약정된 수익에 문제가 없는 범위 내에서 협의에 적극적으로 응할 용의가 있다"고 말한다. 절대 손해 보는 거래는 못 한다는 의미다.

이재명 지사가 여권의 유력한 대선주자인 점도 부담이다. 요금 인하나 폐지를 위해 국민연금을 너무 강하게 압박했다가는 "자기 정치를 위해서 국민의 노후자금에 손실을 강요한다"는 비판을 받을 수 있기 때문이다.

그렇다고 주민 불편을 외면하기도 어렵다. 결국 재정지출은 최소화하면서 주민 부담은 덜어주고, 국민연금도 손해 보지 않을 묘수를 찾아야만 '일산대교의 딜레마'를 풀 수 있다는 얘기다. 당사자 간에 머리를 맞대고 진지한 논의를 시작해야만 한다.

참
고
문
헌

1) 김세호, 『한국고속철도, KTX 탄생의 여정』, 대림북스, 2024

2) 국가철도공단, 『한손에 잡히는 철도』, 국가철도공단, 2024

3) 한국도로학회, 『도로 이야기』, 박영사, 2022

4) 차두원·이슬아, 『포스트 모빌리티』, 위즈덤하우스, 2022

5) 임삼진, 『서울 버스에 관한 7개의 미신과 7개의 사실』, 케이에스앤에스, 2024

6) 박승대·구본환, 『사회 대변혁과 드론시대』, 형설출판사, 2021

7) 진장원, 『남북중 고속철도의 꿈』, 국민북스, 2021

8) 대한교통학회, 『시간과 공간의 연결 교통이야기』, 씨아이알, 2018

9) 배은선, 『기차가 온다』, 지성사, 2019

10) 한대희, 『상상을 현실로 만드는 모빌리티 수업』, 청어람 미디어, 2024

11) 한국철도학회, 『알기 쉬운 철도용어 해설집』, 프린트하우스, 2008

12) 다마키 도시아키, 『물류로 읽는 세계사』, 시그마북스, 2023

13) 한국철도공사, 『철도주요연표』, 한국철도공사, 2010

14) 한국교통연구원, 『4차 산업혁명과 교통·물류혁신』, 한국교통연구원, 2018

15) 한국교통연구원, 『한국의 교통』, 한국교통연구원, 2016

16) 한국교통연구원, 『교통, 발전의 발자취 100선』, 한국교통연구원, 2006

17) 국토교통부 외, 『신한국철도사』, 한국철도문화재단, 2019

18) 안병민, 『북한의 교통 인프라 실태와 한반도 교통망 구축방향』,

한국교통연구원, 2018

19) 한국도로공사 공식블로그(https://blog.naver.com/exhappyway)

20) 코레일 공식블로그(https://blog.naver.com/korailblog)

21) 국가철도공단 공식블로그(https://blog.naver.com/kr_blog)

22) 현대로템 공식블로그(https://blog.hyundai-rotem.co.kr)

23) 인천국제공항 공식블로그(http://blog.naver.com/airportpr/221718031248)

24) 한국교통안전공단 공식블로그(https://blog.naver.com/autolog)

25) 한국도로교통공단 공식블로그(https://blog.naver.com/koroadblog)

강갑생의 바퀴와 날개 2

초판 1쇄 발행 2026년 3월 20일

지은이 강갑생
펴낸이 이지은   **펴낸곳** 팜파스
진행 이진아   **편집** 정은아
표지디자인 조성미   **본문디자인** 박진희
마케팅 김민경, 김서희

출판등록 2002년 12월 30일 제10-2536호
주소 서울시 마포구 어울마당로5길 18 팜파스빌딩 2층
대표전화 02-335-3681   **팩스** 02-335-3743
이메일 pampasbook@naver.com

값 22,000원
ISBN 979-11-7026-746-1 (03300)